中共中央宣传部理论局 编

中国梦

——阐释“中国梦”文章选编

学习出版社

前言

2012年11月29日，习近平总书记在参观《复兴之路》展览时，深情阐述了“中国梦”，强调实现中华民族伟大复兴，是中华民族近代以来最伟大的梦想。一经提出，在社会各界引起广泛共鸣。近期，中央主要新闻媒体和地方部分报刊，围绕实现“中国梦”，发表了一大批文章，深入阐释“中国梦”的重大意义、基本内涵和实践要求。现将部分文章汇集成册，编辑出版。

2013年2月

目录
CONTENTS

习近平在参观《复兴之路》展览时强调

承前启后　继往开来
继续朝着中华民族伟大复兴
目标奋勇前进

百年奋斗铸就历史辉煌，信心百倍推进复兴伟业。在全党全国上下认真学习贯彻党的十八大精神的热潮中，中共中央总书记、中央军委主席习近平和中央政治局常委李克强、张德江、俞正声、刘云山、王岐山、张高丽等29日来到国家博物馆，参观《复兴之路》基本陈列，回顾近代以来中国人民为实现民族复兴走过的历史进程，号召全党同志承前启后、继往开来，把我们的党建设好，团结全体中华儿女把我们国家建设好，把我们民族发展好，继续朝着中华民族伟大复兴的目标奋勇前进。

29日上午，习近平等来到国家博物馆，走进一个个展厅，仔细观看展览，认真听取工作人员讲解。一幅幅图片，一张张图表，一件件实物，一段段视频，把人们带回了近代以来跌宕起伏、波澜壮阔的难忘岁月。

在19世纪末列强割占领土、设立租借地、划定势力范围示意图前，在鸦片战争期间虎门的大炮前，在反映辛亥革命的文物和照片前，在《共产党宣言》第一个中文全译本前，在《中国共产党的第一个纲领》等反映中国共产党成立的文物和照片前，在李大钊狱中亲笔自述前，在中华人民共和国第一面五星红旗前，在党的十一届三中全会照片前，习近平等不时停下脚步，认真观看，详细询问和了解有关情况。

在参观过程中，习近平发表了重要讲话。他表示，《复兴之路》这个展览，回顾了中华民族的昨天，展示了中华民族的今天，宣示了中华民族的明天，给人以深刻教育和启示。中华民族的昨天，可以说是“雄关漫道真如铁”。近代以后，中华民族遭受的苦难之重、付出的牺牲之大，在世界历史上都是罕见的。但是，中国人民从不屈服，不断奋起抗争，终于掌握了自己的命运，开始了建设自己国家的伟大进程，充分展示了以爱国主义为核心的伟大民族精神。中华民族的今天，正可谓“人间正道是沧桑”。改革开放以来，我们总结历史经验，不断艰辛探索，终于找到了实现中华民族伟大复兴的正确道路，取得了举世瞩目的成果。这条道路就是中国特色社会主义。中华民族的明天，可以说是“长风破浪会有时”。经过鸦片战争以来170多年的持续奋斗，中华民族伟大复兴展现出光明的前景。现在，我们比历史上任何时期都更接近中华民族伟大复兴的目标，比历史上任何时期都更有信心、有能力实现这个目标。

习近平强调，回首过去，全党同志必须牢记，落后就要挨打，发展才能自强。审视现在，全党同志必须牢记，道路决定命运，找到一条正确的道路多么不容易，我们必须坚定不移走下去。展望未来，全党同志必须牢记，要把蓝图变为现实，还有很长的路要走，需要我们付出长期艰苦的努力。

习近平指出，每个人都有理想和追求，都有自己的梦想。现在，大家都在讨论“中国梦”，我以为，实现中华民族伟大复兴，就是中华民族近代以来最伟大的梦想。这个梦想，凝聚了几代中国人的夙愿，体现了中华民族和中国人民的整体利益，是每一个中华儿女的共同期盼。历史告诉我们，每个人的前途命运都与国家和民族的前途命运紧密相连。国家好，民族好，大家才会好。实现中华民族伟大复兴是一项光荣而艰巨的事业，需要一代又一代中国人共同为之努力。空谈误国，实干兴邦。我们这一代共产党人一定要承前启后、继往开来，把我们的党建设好，团结全体中华儿女把我们国家建设好，把我们民族发展好，继续朝着中华民族伟大复兴的目标奋勇前进。

习近平最后强调，我坚信，到中国共产党成立100年时全面建成小康社会的目标一定能实现，到新中国成立100年时建成富强民主文明和谐的社会主义现代化国家的目标一定能实现，中华民族伟大复兴的梦想一定能实现。

（摘自2012年11月30日《人民日报》）

勿忘昨天　无愧今天　不负明天

——复兴之路启示之一

▲人民日报评论员

"雄关漫道真如铁"、"人间正道是沧桑"、"长风破浪会有时"，在参观《复兴之路》展览时，习近平总书记引用这三句诗，将中华民族的昨天、今天和明天，熔铸于百余年中国沧桑巨变的历史图景，展现于几代人为民族复兴奋斗的艰辛历程，令人感慨、催人奋进。

梦想不可丢。"覆屋之下、漏舟之中、薪火之上，如笼中之鸟、釜底之鱼、牢中之囚，四万万民众为奴隶、为牛马、为犬羊，听人驱使、听人宰割"，中华民族近代以来的复兴历史，从这深重的苦难中拉开大幕。自新、自救、自立、自强，不灭的梦想引领一个民族穿越"千年未有之变局"，战胜"千年未有之强敌"，把命运牢牢掌握在自己手中，开启了建设自己国家的伟大进程。中华民族对梦想的执着坚持，展示的是中华儿女的爱国主义情怀，是我们民族生生不息的伟大精神。在新的征程上，无论面对什么样的困难，对复兴梦想的不懈追寻始终是我们的动力之源、勇气之源。

道路不可弃。“摸着石头过河”的探索，坚定不移走向世界的脚步，社会主义市场经济的创新，经济社会发展方式的转变……经历了多少惊心动魄的历史转折、观念突破和制度革新，我们党团结带领中国人民，以巨大的政治勇气，走出一条中国特色社会主义道路。这条复兴之路，冲破了许多预言家的设想，改变了13亿人的命运，将中国送到了一个世界大国的位置。这条来之不易的道路，承载着几代中国人的夙愿，凝结着无数先贤的心血。在新的征程上，无论遇到什么样的问题，对于这条道路，我们都应当倍加珍惜、始终坚持。

信心不可泄。站在民族复兴的历史新方位，我们的身后是波澜壮阔、厚重沧桑的奋斗历史，我们的面前是前所未有的复兴曙光。此时此刻，我们距离“中国梦”的目标比任何时候都更接近，实现“中国梦”的信心比任何时候都更坚定。越是在这样的时刻，越是要立足实际、脚踏实地。在新的征程上，无论经历什么样的考验，我们都应当始终保持“中国信心”。

历史的接力棒已经交到我们手中。勿忘昨天的苦难与辉煌，无愧今天的责任与使命，不负明天的梦想与追求，更加美好的中国，将在亿万中华儿女的共同努力中、在我们每一个人的奋斗中变为现实。

（2012年12月1日《人民日报》）

道路决定命运　发展才能自强

——复兴之路启示之二

▲人民日报评论员

一个国家和民族，有了正确的道路，人民的奋斗才能充满信心，命运的航船才能乘风破浪。

“全党同志必须牢记，落后就要挨打，发展才能自强”，“道路决定命运，找到一条正确的道路多么不容易，我们必须坚定不移走下去”，“要把蓝图变为现实，还有很长的路要走，需要我们付出长期艰苦的努力”。习近平总书记参观《复兴之路》展览时提出的三个“牢记”，回首过去、审视现在、展望未来，彰显了共产党人的历史自觉和责任担当，发人深思、给人力量。

历史蕴含着盛衰兴亡的深刻哲理。鸦片战争期间虎门的大炮，列强瓜分中国的“时局全图”，《共产党宣言》第一个中文全译本，新中国第一面五星红旗……复兴之路上耐人寻味的片段，定格了令人感慨的历史瞬间，让我们深切体会到：正是因为“社会制度腐败，经济技术落后”，近代以后中华民族才会遭受深重苦难；正是因为奋起抗争、发展自强，我们这个民族才能“拼将十万头颅血”，终把乾坤力挽回。

道路决定命运。百余年来为救亡图存，无数仁人志士留下多少“有心杀贼，无力回天”的悲愤，付出多少“春云碧血，秋雨黄花”的牺牲，却终究壮志难酬。是中国共产党团结带领中国人民完成了新民主主义革命和社会主义革命，开创和发展了中国特色社会主义，不可逆转地改变了国家和民族的前途命运。血雨腥风的革命年代，硝烟弥漫的战争时期，激情燃烧的建设岁月，波澜壮阔的改革大业，这条复兴之路筚路蓝缕的伟大历程，让我们深切体会何谓“来之不易”、何谓“弥足珍贵”、何谓“倍加珍惜”、何谓“始终坚持”。用老百姓的生活和新中国的发展作证，沿着这条道路，我们才能够实现吃饱穿暖、免除农赋等千年梦想，才能够完成港澳回归、北京奥运、上海世博等百年盛事，才能畅想中华民族伟大复兴的光明前景。

发展才能自强。回望鸦片战争以来中国人民的持续奋斗，百年中国跌宕前行的潮流，当代中国举世瞩目的进步，无不说明“发展”是中华民族伟大复兴的主旋律。发展了，五千年中华才有古树新枝的传奇；不发展，13亿中国人一点出路也没有。今天的中国，比任何时期都更接近民族复兴的梦想，但历史的足音也警醒我们：越是这个时候，越不能掉以轻心。立足“三个没有变”基本国情，迈向全面小康两个“百年目标”，前路不可能一帆风顺，蓝图不可能一蹴而就，梦想不可能一气呵成，我们还需长期努力坚持发展、艰苦奋斗推进发展、改革创新提升发展。

今天的中国是历史中国的延续，我们的奋斗是未来中国的基石。谨记三个“牢记”，全党同志夙夜在公，全国人民团结奋斗，定能创造中国道路更多辉煌，赢得中华民族更大光荣。

（2012年12月2日《人民日报》）

沿着复兴路　共筑“中国梦”

——复兴之路启示之三

▲人民日报评论员

伟大的事业，源于伟大的梦想。个人的奋斗如此，国家的发展亦然。环顾世界，很少有民族，能像中华民族那样，历经苦难与辉煌；也很少有国家，在持续奋斗中，始终坚持“同一个梦想”。

“现在，大家都在讨论‘中国梦’，我以为，实现中华民族伟大复兴，就是中华民族近代以来最伟大的梦想。”习近平总书记的深情阐述，展现了中华儿女不懈追求的美好愿景，揭示了中华民族内心深处的集体意识，道出了“中国梦”最为本质的核心内容。

这个梦想，凝聚着近代以来无数仁人志士的探索奋斗；这个梦想，蕴藏着中华民族固有的“家国天下”情怀；这个梦想，更包含着中国走向未来的道路自信、理论自信、制度自信。

“国家好，民族好，大家才会好”。回首近代以来，瓜分豆剖的危险、亡国灭种的阴霾、“东亚病夫”的歧视……国家失去尊严，民族饱受屈辱，个人何敢言梦？从新中国“站起来”，到改革开放“富起来”，再到新世纪“强起来”，国家民族的强盛，让人民的幸福有了坚实依托；“中国梦”的茁壮，使个人梦想有了广阔空间。吃饱穿暖、下海经商、有车有房……个人梦想的日益丰富，再次说明，中华民族是一个命运共同体，有国家的繁荣昌盛，才有个人的全面发展；实现中华民族伟大复兴，体现了中华民族和中国人民的整体利益，是每一个中华儿女的共同期盼。

“人们对美好生活的向往，就是我们的奋斗目标”。国家之梦，反映国民之梦；个人之梦，融为民族之梦。发展为了人民、发展依靠人民、发展成果由人民共享，在当今中国，国家理念与人民期盼同声相应；个人梦想与民族梦想一脉相承，“中国梦”既是“强国梦”，也是“富民梦”。全面建成小康社会的目标、建设富强民主文明和谐现代化国家的蓝图，对接着“更好的教育”、“更满意的收入”、“更可靠的社会保障”的群众期盼。个人敢做梦，国家能圆梦，在中华民族伟大复兴的征程中，“中国梦”正一步步变为现实，让人民感受变迁、触摸幸福、实现理想。

北京的长安街，取盛唐之意，贯穿于建国、复兴二门间，谓之长治久安。只有创造了灿烂文明的民族，才会如此渴望再创辉煌；也只有历尽苦难沧桑的国家，才更珍惜来之不易的道路。沿着这条复兴之路，为梦想努力奋斗，让梦想照进现实，我们的目标一定要达到，我们的目标一定能够达到。

"中国梦"，我们曾经离它如此之远，我们从未离它如此之近。

（2012年12月3日《人民日报》）

空谈误国 实干兴邦

——复兴之路启示之四

▲人民日报评论员

全面建成小康社会的蓝图，靠什么绘就？13亿人的“中国梦”，靠什么实现？在新的历史起点上，我们党“以什么样的精神状态”持续奋斗，事关成败，至关重要。

“实现中华民族伟大复兴是一项光荣而艰巨的事业，需要一代又一代中国人共同为之努力。空谈误国，实干兴邦。”习近平总书记语重心长的讲话，是对全党8300多万党员和各级领导干部的警示和要求。

成功缘于实干，祸患始于空谈。战国赵括“纸上谈兵”，两晋学士“虚谈废务”，历来是治国理政的大忌。中华民族百余年的奋斗史，也从另一面印证了这个道理。付出世人难以想象的巨大牺牲，在“坚船利炮”的西方列强侵略下夺取民族独立的胜利；靠着“节衣缩食、勒紧裤带”的奋斗精神，在一穷二白的新中国建立起完整的工业体系；鼓起“杀出一条血路”的改革勇气，用短短数十年走过西方国家两三百年历程。饱经沧桑的中华民族，之所以能走出苦难、走向辉煌，靠的不是空想清谈，而是实干苦干。

实干精神是我们党的优良传统。国际形势波谲云诡，国内发展攻坚克难，发展关键期，矛盾凸显期，尤其需要真抓实干。全面建成小康社会进入“倒计时”，人民对美好生活的向往怎样落实为执政兴国的具体措施？深化改革已成最大共识，如何通过不断创新释放“制度红利”？干部清正、政府清廉、政治清明是我们党的庄严承诺，强化监督、反腐防变能否落到实处？没有脚踏实地的奋斗，没有扎扎实实的工作，我们将愧对人民期待和历史责任。

注重落实是共产党人的政治本色。“不干，半点马克思主义都没有”。机遇稍纵即逝，改革不进则退，时代呼唤只争朝夕、真抓实干的行动者。只会纸上谈兵而不知行合一，热衷虚谈废务而不求真务实，追求形式主义而不脚踏实地，结果只能是大政方针落空、政策措施变味。至于那些台上唱高调、台下瞎胡闹的贪腐分子，更是制造政治泡沫、败坏党风政风。这样的“空谈干部”，面对历史和人民，岂是一个“误”字了得？

20年前，深圳蛇口工业区竖起一块“空谈误国，实干兴邦”的醒目标牌，摆脱了一场姓社姓资的无谓争论，拉开了一段“中国故事”的序幕。今天，我们离民族复兴的梦想前所未有的接近，道虽迩，不行不至；事虽小，不为不成。以苦干续写中国辉煌，用实干托起中国梦想，民族复兴的壮阔历程一定会在我们这一代人手里，行进到一个全新的境界。

（2012年12月4日《人民日报》）

有梦想就有希望　有信心才有力量

——复兴之路启示之五

▲人民日报评论员

每一段新征程的开启，总让人充满憧憬。从新起点继续出发的中国，如何百尺竿头，更进一步？怀揣复兴梦想的中华民族，何以抵达光辉的彼岸？

“我坚信，到中国共产党成立100年时全面建成小康社会的目标一定能实现，到新中国成立100年时建成富强民主文明和谐的社会主义现代化国家的目标一定能实现，中华民族伟大复兴的梦想一定能实现。”习近平总书记充满自信的展望，传递出新一代中央领导集体继往开来的决心，表达了中国人民奋发有为的豪情。

百余年奋斗历程中，一代又一代仁人志士，敢于在闭关锁国的困境中向往“开放中国”，敢于在风雨如磐的旧社会呼唤“少年中国”，更敢于在救亡图存的奋斗中为

“可爱的中国”流血牺牲。有梦想就有希望，回顾历史，坚持民族复兴这个最伟大的梦想矢志不移，我们的民族才能走上振兴中华的道路。为温饱梦按下“大包干”的红手印，为市场梦“走遍千山万水、吃尽千辛万苦”，为富强梦大胆“引进来、走出去”，有梦想就有动力，审视现在，国家理想和个人梦想相互激荡，中国的发展才能迸发巨大活力。

中华民族近代以来的“逐梦史”告诉我们，中国特色社会主义凝聚了几代中国人的艰辛探索，顺应了社会进步的时代潮流，进行着与时俱进的改革创新，是实现民族复兴的人间正道。正是由于这样的道路自信、理论自信、制度自信，我们才勇于在迎接挑战中实现“中国梦”。

今日之中国，其行进也迅疾，其抵达也浩荡，但距离两个百年目标、民族复兴梦想，依然是行百里者半九十。改革深水区、发展攻坚期、转型关键期，在推进社会主义现代化的道路上，我们面临前所未有的挑战、世所罕见的困难。我们深知，越是接近民族复兴梦想，前进道路就越可能艰难曲折。有信心才有力量，不为任何风险所惧，不为任何干扰所惑，勇于攻坚克难，敢于迎难而上，就一定能打开中国发展新局面、开创中国道路新境界。

眺望东方的地平线，曙光已经显现，中国大有希望。把激荡百年的民族梦想与自信力量，写在中国大地，融入每一个人心底，世界将会听到一个民族走向复兴的历史回响——

"它是站在海岸遥望海中已经看得见桅杆尖头的一只航船，它是立于高山之巅远看东方已见光芒四射、喷薄欲出的一轮朝日，它是躁动于母腹中的快要成熟了的一个婴儿。"

（2012年12月5日《人民日报》）

用实干托起“中国梦”

▲人民日报评论员

新一届中央领导集体，接过了历史的接力棒。中华民族伟大复兴的新征程将如何接续？国人高度关注，世界也在瞩目。

2012年11月29日，习近平总书记和其他中央领导同志来到国家博物馆，参观大型展览《复兴之路》并发表重要讲话，重温中华民族所经历的苦难与辉煌，回顾中国共产党90多年的奋斗与探索，在历史、现实与未来的交汇点上，传递出中国共产党人将牢记使命、不忘责任，团结带领全国各族人民实现伟大中国梦想的坚定决心和信心。

历史中蕴藏着立足现实、迈向未来的宝贵精神财富。我们不应忘记，为了中华民族的复兴，无数仁人志士前赴后继、流血牺牲，历尽千辛万苦，取得了新民主主义革命的胜利。我们不应忘记，为了中华民族的复兴，我们党艰辛探索，确立了社会主义基本制度。我们不应忘记，为了中华民族的复兴，我们党做出改革开放的历史抉择，开辟了中国特色社会主义道路。一条漫漫复兴路，寄托着几代中国人的美好夙愿，凝结着中华儿女的心血汗水。此刻，我们比任何时候都更加清醒地认识到，使命在肩，责任重大。

实现民族复兴，是中华民族近代以来的伟大梦想。170多年来，中华民族历经了无数苦难。面对列强的凌辱，我们的“中国梦”没有破灭；面对新中国成立初期的一穷二白，我们的“中国梦”没有破灭；面对奋斗征程中的坎坷与挫折，我们的“中国梦”没有破灭；面对人世遭逢的巨大自然灾难，我们的“中国梦”没有破灭。一代代的中国人，怀揣着梦想，追逐着梦想，挺直了脊梁，憋足了一股劲，胼手胝足，顽强奋斗，走出苦难，走向辉煌。中国已成为世界第二大经济体，经济实力、综合国力、人民生活水平和国际影响力都已今非昔比，距离民族复兴的目标从来没有像今天这样接近。生活在这个时代，是幸运的；为这个梦想奋斗，是光荣的。

把“中国梦”变成现实，还有很长的路，需要付出长期艰巨的努力。历史告诉我们，中华民族之所以迎来复兴的曙光，靠的就是一代又一代人的艰辛奋斗和埋头苦干。空谈误国，实干兴邦。把一个拥有13亿人口规模的发展中大国带入现代化、实现民族复兴，这在人类发展史上还从来没有过。和平崛起的烦恼，经济社会双转型的压力，发展所面临的矛盾、问题和挑战，迫切要求我们党承前启后、继往开来，迫切要求党员干部求真务实、艰苦奋斗，迫切要求每一个人在各自岗位上付出更多的辛劳。中国人的命运掌握在自己手里，中国人的美好生活要靠自己创造。

祖国富强是我们的梦想，人民幸福是我们的向往。让我们扎扎实实，脚踏实地，用勤劳的双手托起伟大的“中国梦”。

（2012年11月30日《人民日报》）

奋勇担当起振兴中华的历史使命

——学习习近平总书记参观《复兴之路》展览时的重要讲话

▲秋　石

在全党全国学习贯彻党的十八大精神的热潮中，中共中央总书记、中央军委主席习近平同志和中央政治局常委李克强、张德江、俞正声、刘云山、王岐山、张高丽等同志，2012年11月29日集体参观国家博物馆的基本陈列《复兴之路》展览，习近平总书记发表了重要讲话。这是以习近平同志为总书记的党中央主政后一次重要的集体活动，寓意深刻，意味深长。习近平总书记的重要讲话，以回首昨天、审视今天、展望明天的历史纵深感，郑重向党内外、国内外宣示：中国共产党新一届中央领导集体将牢记肩负的历史使命，承前启后，继往开来，团结带领全党和全国各族人民，努力把我们的党建设好，把我们的国家建设好，把我们的民族发展好，继续朝着中华民族伟大复兴的目标奋勇前进。

昨天："雄关漫道真如铁"

在学习贯彻党的十八大精神的时候，我们深深懂得，我们今天所做的工作，是一代又一代中国共产党人同人民一道顽强拼搏、接力奋斗的继续。在这样的时刻，回顾近代以来中国人民为实现民族复兴走过的历史进程，重温党和人民为振兴中华而团结奋斗的历史，对于我们深切领悟和牢记党肩负的历史使命，不忘本来，面向未来，励精图治，团结进取，更加自觉、更加坚定地为实现十八大确定的目标任务而奋斗，是很有意义的。

国家博物馆是展示我国历史文化的庄严殿堂，《复兴之路》是国家博物馆的"基本陈列"之一。这个展览以中国近现代史为基本内容，以历史编年为脉络和线索，通过重大历史事件、重要历史人物、重要历史变迁，客观系统地反映了1840年鸦片战争以来中国波澜壮阔的历史进程，深刻揭示了历史的真谛。

鸦片战争以后，中国逐步沦为半殖民地半封建社会，列强对中国的侵略步步进逼，封建统治日益腐败，祖国山河破碎、战乱不已，人民饥寒交迫、备受奴役。为了救亡图存、振兴中华，中国各阶级、各阶层、各种社会力量和无数仁人志士，进行了千辛万苦的探索和不屈不挠的抗争，但都一次次归于失败。中国共产党的诞生，是马克思列宁主义同中国工人运动相结合的必然产物，是近现代中国历史发展的必然产物，是中国人民在救亡图存斗争中顽强求索的必然产物。从此，中国革命有了正确前进方向，中国人民有了坚强领导力量，中国命运开始掌握在人民自己手里。

历史是不应该忘记的，忘记过去就会迷失前进的方向和未来的目标。近代史上，中华民族遭受的苦难之重、付出的牺牲之大在世界上都是罕见的，实现国家富强、民族复兴成为全民族最强烈的愿望。中国共产党自诞生之日起，就勇敢担当起带领中国人民创造幸福生活、实现民族复兴的历史使命，一代代中国共产党人为之英勇奋斗、无私奉献。在中国，从来没有一个政治组织像我们党这样，在长期艰苦卓绝的奋斗中为中华民族的复兴付出了那么多牺牲、建树了那么多功绩、创造了那么多奇迹。正因为如此，人民支持我们党、信赖我们党、拥护我们党。我们今天正在从事的改革开放和社会主义现代化建设事业，是新中国成立以后我国社会主义建设事业的继承和发展，是近代以来中国人民争取民族独立、实现国家富强事业的继承和发展。为了振兴中华而前赴后继、接力奋斗，始终是中国近现代历史的主旋律。

《复兴之路》这个展览，充分展示了历史和人民怎样选择了马克思主义、选择了中国共产党、选择了社会主义、选择了改革开放。正如展览的结束语所说的那样：100多年来，中华民族谱写了团结奋斗、自强不息的壮丽史诗。特别是中国共产党成立90多年来，在党的坚强领导下，我们伟大的祖国相继实现了从半殖民地半封建社会到民族独立、人民当家做主新社会的历史性转变，从新民主主义革命到社会主义革命和建设的历史性转变，从高度集中的计划经济体制到充满活力的社会主义市场经济体制、从封闭半封闭到全方位开放的历史性转变。历史昭示我们：没有中国共产党就没有新中国，就没有中国特色社会主义；只有社会主义才能救中国，只有改革开放才能发展中国、发展社会主义、发展马克思主义。

今天："人间正道是沧桑"

道路决定命运。在中国这样一个经济文化十分落后的国家探索民族复兴道路，是极为艰巨的任务。90多年来，一代代中国共产党人紧紧依靠人民，接力探索独立自主的民族复兴之路，付出了艰辛的努力。

以毛泽东同志为核心的党的第一代中央领导集体，领导党和人民完成新民主主义革命，建立新中国，确立社会主义基本制度，为当代中国一切发展进步奠定了根本政治前提和制度基础，为开创中国特色社会主义提供了宝贵经验、理论准备和物质基础。以邓小平同志为核心的党的第二代中央领导集体，领导党和人民深刻总结我国社会主义建设正反两方面经验，借鉴世界社会主义历史经验，开启了改革开放的伟大征程，确立了社会主义初级阶段基本路线，科学回答了建设中国特色社会主义的一系列基本问题，成功开创了中国特色社会主义。以江泽民同志为核心的党的第三代中央领导集体，领导党和人民坚持党的十一届三中全会以来的路线不动摇，在严峻复杂的国内外形势面前坚定捍卫中国特色社会主义，引领改革开放的航船沿着正确方向破浪前进，成功把中国特色社会主义推进到21世纪。新世纪新阶段，以胡锦涛同志为总书记的党中央，领导党和人民在全面建设小康社会实践中坚持和发展中国特色社会主义，坚持以人为本、全面协调可持续发展，形成中国特色社会主义事业总体布局，着力推动科学发展、促进社会和谐，着力改善人民生活、增进人民福祉，奋力把中国特色社会主义推进到一个新的发展阶段。

改革开放以来的30多年，中国经济以同期世界经济年均增长率三倍多的速度持续快速发展，经济总量跃居世界第二，人均国内生产总值超过5000美元，城镇化率突破50%，我国进入中等收入国家行列。伴随着经济生活的深刻变革，中国社会焕发出蓬勃旺盛的活力，人民享有越来越广泛的自由和权利，勤劳智慧的中国人民迸发出巨大创造能量。国家的发展唤起全民族的文化自觉和自信，使一切有利于国家富强、社会进步、人民幸福的思想和精神都得到尊重，中华文化以开放、包容的姿态面向世界。在经济社会深刻变革和转型的过程中，我国社会大局始终稳定，长期保持了政通人和、安定团结的政治局面，中华民族的凝聚力、向心力显著增强。我们战胜了一个又一个突如其来的重特大自然灾害和传染病疫情，从容应对了一系列关系我国主权和安全的重大突发事件，经受住了一次又一次国际政治、经济风浪的重大考验。香港、澳门回归，“神舟”飞天、“嫦娥”揽月、“蛟龙”探海，北京奥运会、上海世博会的巨大成功，抗震救灾、灾后重建创造的人间奇迹等，都向世界展示了中国发展进步的伟大力量。这一切，对于我们这样一个有着13亿人口的发展中大国来说，都是了不起的成就，是当之无愧的“中国奇迹”。

实践是检验真理的唯一标准。改革开放以来的实践无可辩驳地证明，只有中国特色社会主义，而没有别的什么主义能够引领当代中国发展进步；中国特色社会主义道路，就是中华民族的伟大复兴之路。这是党和人民从历史和现实中得出的不可动摇的结论。

明天：“长风破浪会有时”

实现中华民族伟大复兴，是中华民族近代以来最伟大的“中国梦”。这个梦想，凝聚了几代中国人的夙愿，体现了中华民族和中国人民的整体利益，是每一个中华儿女的共同期盼。抚今追昔，我们对党和人民创造的历史伟业倍加自豪，对党和人民确立的理想信念倍加坚定，对党肩负的历史责任倍加清醒。

我们虽然取得了伟大的历史性成就，但还远不到沾沾自喜、高枕无忧的时候，同我们的远大目标相比，同人民群众对美好生活的期待相比，我们没有任何理由自满。中央一再提醒全党，我国仍处于并将长期处于社会主义初级阶段的基本国情没有变，人民日益增长的物质文化需要同落后的社会生产之间的矛盾这一社会主要矛盾没有变，我国作为世界上最大的发展中国家的国际地位也没有变。国际上，综合国力竞争日趋激烈，同发达国家相比，我国在生产力水平、科技教育水平、社会管理水平、自主创新能力等许多方面还有很大差距，面对的各种国际压力和风险有增无减。在国内，发展中不平衡、不协调、不可持续的问题仍然突出，制约科学发展的体制机制障碍躲不开、绕不过，转变经济发展方式的任务十分艰巨，城乡贫困人口和低收入人口还有相当数量，党和国家工作中还存在缺点和不足，人民群众还有不少不满意的地方。在党内，保持和发展党的先进性和纯洁性、提高党的领导水平和执政水平、提高拒腐防变和抵御风险能力，面临许多前所未有的新情况新问题新挑战，执政考验、改革开放考验、市场经济考验、外部环境考验是长期的、复杂的、严峻的，精神懈怠的危险、能力不足的危险、脱离群众的危险、消极腐败的危险更加尖锐地摆在全党面前，落实党要管党、从严治党的任务比以往任何时候都更为繁重、更为紧迫。历史和现实都要求我们，牢记对民族的责任、对人民的责任、对党的责任，努力把我们的党建设好、把我们的国家建设好、把我们的民族发展好。

我们党已经完成了从革命救国到执政兴国的历史性转变。在中国特色社会主义道路上实现中华民族伟大复兴，是历史和时代赋予当代中国共产党人的庄严使命。为了实现这一使命，我们党在改革开放初期就提出了现代化建设“三步走”的发展战略，并且在上世纪末如期达到了前两步战略目标，实现了从温饱不足到总体小康的历史性跨越。我们现在正在为实现第三步战略目标而奋斗，那就是到我们党成立100年时，全面建成惠及十几亿人口的更高水平的小康社会；到新中国成立100年时，基本实现现代化，建成富强民主文明和谐的社会主义现代化国家。现在，我们比历史上任何时期都更接近中华民族伟大复兴的目标，比历史上任何时期都更有信心、有能力实现这个目标。只要我们不动摇、不懈怠、不折腾，坚定不移地沿着中国特色社会主义道路前进，就一定能够胜利实现这个宏伟目标。

我们党是马克思主义政党，肩负着坚持和发展社会主义的崇高使命，而巩固和发展社会主义制度还需要几代人、十几代人甚至几十代人坚持不懈地努力奋斗。中国是拥有13亿人口的大国，中国共产党是拥有8300多万党员的大党，中国特色社会主义的活跃兴旺，社会主义中国的发展振兴，就是对世界社会主义事业和人类进步事业的重大贡献。全党同志一定要牢记党肩负的执政兴国、振兴中华、坚持和发展中国特色社会主义的历史使命，树立坚定的理想信念，坚信党和人民事业的正义性和远大前途，毫不动摇地为之奋斗，贡献自己全部的力量。

党的十八大高举中国特色社会主义伟大旗帜，描绘了全面建成小康社会、加快推进社会主义现代化、夺取中国特色社会主义新胜利的宏伟蓝图，从思想上、政治上、组织上为党和国家事业承前启后、继往开来奠定了坚实基础，开启了党和人民团结奋斗的新征程。摆在全党面前的任务，就是团结带领全国各族人民，认真学习贯彻党的十八大精神，抓紧工作，抓紧落实，通过未来5年的工作，为到2020年如期实现全面建成小康社会目标打下具有决定性意义的基础，进而到21世纪中叶基本实现社会主义现代化。我们一定要不负重托、不辱使命，夙夜在公、勤勉工作，信心百倍地战胜前进道路上一切困难和风险，奋力完成党和人民赋予的光荣而艰巨的任务！

（《求是》杂志2012年第24期）

“中国梦”召唤我们扬帆奋进——2013年新年献词

▲ 新华社评论员

岁月的年轮见证奋斗的足迹，也蕴含未来的启示。在即将告别砥砺奋进的2012年，迎来充满希望的2013年之际，我们为国家发展进步而自豪，为民生持续改善而欣慰，更为中华民族伟大复兴的百年梦想前景愈加光明而备受鼓舞。

无论置于改革开放波澜壮阔的进程里审视，还是放在人类发展进步的宏大背景中衡量，2012年都将以其不同寻常的重要意义而载入史册。

具有里程碑意义的党的十八大催人奋进。十八大高举中国特色社会主义伟大旗帜，为实现全面建成小康社会奋斗目标做出了战略部署。大会选举产生的新一届中央领导集体接过历史的接力棒，领航“中国号”巨轮开始了实现

“中国梦”的新航程。

“稳中求进”的“中国答卷”令人振奋。面对国内外复杂形势和困难挑战，中央及时加强和改善宏观调控，稳增长、调结构、转方式、促发展，总体呈现稳中有进的良好态势，较好完成了年初制定的经济社会发展目标。在世界主要经济体增长明显放缓甚至面临衰退时，中国经济率先企稳回升，成为带动世界经济复苏的重要引擎。

世界银行数据显示，2012年中国经济总量有望达到美国的50%，发展中国家创造的财富将第一次历史性超过发达国家，标志着“人类发展的重心发生了里程碑式的位移”。中国发展的磅礴之势与世界进步的滚滚潮流交融激荡，奏响了人类发展史上雄浑的壮美乐章。

成绩来之不易，经验弥足珍贵。综合判断，我国发展仍具备难得的机遇和有利条件，但也面临不少风险和挑战。我们必须紧紧抓住、切实用好重要战略机遇，妥善应对挑战，着力解决发展中不平衡、不协调、不可持续的突出问题，努力在风云变幻的国际环境中谋求更大的发展。

2013年是全面贯彻落实十八大精神的开局之年，是实施“十二五”规划承前启后的关键一年，是为全面建成小康社会奠定坚实基础的重要一年。扎扎实实开好局，做好2013年的各项工作，意义重大。既坚定必胜信心，又增强忧患意识，按照十八大关于建设中国特色社会主义“五位一体”总布局和八个“必须坚持”的基本要求，围绕主题主线，继续把握好“稳中求进”的工作总基调，坚决贯彻落实中央各项决策部署，把力量凝聚到进一步深化改革开放、为全面建成小康社会而团结奋斗上来。

“中国梦”凝聚着亿万人民对美好生活的期盼。期盼有更好的教育、更稳定的工作、更满意的收入、更可靠的社会保障、更高水平的医疗卫生服务、更舒适的居住条件、更优美的环境，期盼孩子们能安全、健康、快乐地成长。这些期盼，勾勒出“中国梦”的生动轮廓，融合成“中国梦”的共同底色，凝结为党和政府的奋斗目标。把人民的期待转化为一个个造福百姓的具体措施，落实到一件件惠及于民的好事实事中，务求实效、多出实绩，我们就能凝聚强大力量，把梦想变为现实。

千里之行，始于足下。唯有真抓，才能直面问题攻坚克难；唯有实干，才能托起民族复兴的伟大梦想。新一届中央政治局做出的“八项规定”求真务实，新风扑面。一个个郑重承诺，一个个具体举措，彰显着新的中央领导集体真抓实干的决心与行动。从加强和改善宏观调控，夯实农业基础，到加快调整产业结构，积极稳妥推进城镇化，再到加强民生保障，全面深化经济体制改革。前不久中央经济工作会议对2013年工作做出的部署，项项切中经济社会发展的“要害”，条条直指深化改革开放的“关键”。只有转变作风、真抓实干，敢作为、勇担当，锐意进取，奋发有为地工作，各项目标才能实现。

百年坎坷复兴路，世纪沧桑强国梦。为了实现民族复兴的伟大梦想，党领导人民一路风雨兼程，一路慷慨壮歌，终于开辟了中国特色社会主义强国之路、富民之路、复兴之路。“国家好，民族好，大家才会好。”走好中国道路，才能实现中国梦想——这是历史的深刻昭示，也是人民的坚定选择。

马克思说过：“时间是人类发展的空间。”2013年这张新考卷等待着我们用勇气、智慧和实干来作答。团结奋进的中国、勤劳勇敢的中华民族在追逐梦想的道路上将续写怎样的发展传奇，历史会见证一切。我们坚信，有以习近平同志为总书记的党中央坚强正确的领导，有全国各族人民的共同努力，2013年必将是充满光荣与梦想的希望之年。

（新华社北京2012年12月30日电）

“中国梦” 我们共同的梦

▲光明日报评论员

中共中央政治局7位常委在北京参观《复兴之路》展览，是新一届中共最高领导层亮相之后首次集体参加公开活动，彰显出我们党注重从历史中汲取力量，强调以民族复兴、国家富强、人民幸福作为执政最大共识，体现了对民声民意的关注和回应，更传递了新一届领导集体在中华民族复兴伟业上的取向和承诺。

习近平总书记说：“现在，大家都在讨论‘中国梦’，我以为，实现中华民族伟大复兴，就是中华民族近代以来最伟大的梦想。”“国家好，民族好，大家才会好。”朴实、深情的话语，传递出中国共产党人牢记使命、不忘责任，团结带领全国各族人民实现伟大中国梦想的坚定决心和信心。

为了中华民族的复兴，无数仁人志士前赴后继、流血牺牲，夺取了新民主主义革命的胜利。为了中华民族的复兴，我们党艰辛探索，确立了社会主义基本制度。为了中华民族的复兴，我们党做出改革开放的历史抉择，开辟了中国特色社会主义道路。复兴之路，寄托着几代中国人的美好夙愿，凝结着中华儿女的心血汗水。

“中国梦”，是中华儿女共同的梦想。我们的梦想没有随苦难而磨灭、没有随挫折而褪色。因为梦想，我们顽强奋斗、砥砺前行；因为梦想的力量，我们走出苦难、走向辉煌。

把“中国梦”变成现实，还有很长的路。空谈误国，实干兴邦。把一个拥有13亿人口规模的发展中大国带入现代化、实现民族复兴，是一个宏大的梦想，是一个艰巨的任务，要求我们党承前启后、继往开来，要求党员干部求真务实、艰苦奋斗，要求每一个人在各自岗位上认认真真、脚踏实地的努力。中国人的命运掌握在自己手里，中国人的美好生活要靠自己创造。

我们已经清晰地看到新一届中央领导集体务实、为民、理性、自强的执政风格。“人民对美好生活的向往，就是我们的奋斗目标”，这是务实与诚恳；“我坚信，到中国共产党成立100年时全面建成小康社会的目标一定能够实现，到新中国成立100年时建成富强民主文明和谐的社会主义现代化国家的目标一定能实现，中华民族伟大复兴的梦想一定能实现。”这是自信与担当。

民族复兴、祖国富强、人民幸福，是多么美好的愿景。让我们更加紧密地团结在以习近平同志为总书记的党中央周围，脚踏实地、奋发进取，用勤劳的双手共同托起“中国梦”——我们共同的梦。

（2012年12月1日《光明日报》）

走向中华民族的伟大复兴

▲经济日报评论员

2012年11月29日，以习近平同志为总书记的新一届中央领导集体参观了《复兴之路》展览。在全面建成小康社会的新征程上，重温中国发展进步的伟大历史，回顾党和人民创造的丰功伟业，重申我们党的神圣使命和奋斗目标，展望中国繁荣发展的美好未来，意义重大、影响深远。

170多年前，中国人民和无数仁人志士为了救亡图存，开始了千难万险的探索和不屈不挠的斗争，却一次又一次遭受挫折与失败。91年前，中国共产党成立，成为我们民族发展史上开天辟地的大事变。90多年来，我们党把马克思主义基本原理同中国实际和时代特征结合起来，紧紧依靠人民，取得了革命建设改革的伟大胜利，开创和发展了中国特色社会主义，开启了中华民族不断发展壮大、走向伟大复兴的光明前景。今天，一个生机盎然的社会主义中国已经巍然屹立在世界东方，13亿中国人民正在中国特色社会主义伟大旗帜指引下满怀信心走向中华民族伟大复兴。

近代以来中国社会发展进步的壮阔征程充分证明，只有中国共产党才能救中国、才能发展中国；近代以来中国社会发展进步的历史轨迹充分昭示了中华民族伟大复兴的必由之路，就是走中国特色社会主义道路。

实现中华民族伟大复兴，是近代最伟大的“中国梦”，凝聚和寄托了几代人的理想和夙愿。当前，我国发展仍处于重要战略机遇期。人民开创美好生活的愿望成为发展进步的强大动力，我们比历史上任何一个时期都更加接近这个梦想，比历史上任何一个时期都更有信心、更有能力去实现这个伟大的梦想。

雄关漫道真如铁，而今迈步从头越。复兴之路新征程上，我们党肩负着团结带领人民全面建成小康社会、推进社会主义现代化、实现中华民族伟大复兴的重大使命，责任更大、担子更重。面对人民的信任和重托，面对新的历史条件和考验，全党一定要牢记道路决定命运、发展才能自强，更加坚定我们的道路自信、理论自信、制度自信，更加奋发有为、兢兢业业地工作，完成时代赋予我们的光荣而艰巨的任务。

空谈误国，实干兴邦。只有艰苦努力才能把蓝图化为现实。复兴之路新征程上，党的十八大已经为党和国家事业进一步发展指明了方向。我们一定要把全党全国各族人民的思想统一到党的十八大精神上来，把力量凝聚到实现党的十八大确定的各项任务上来，不折不扣地贯彻落实各项决策部署。

团结就是大局，团结就是力量。我们每个人的命运都与国家的命运、民族的命运息息相关。复兴之路新征程上，全体中华儿女万众一心、团结奋斗，更加紧密地团结在以习近平同志为总书记的党中央周围，为实现全面建成小康社会的宏伟目标而奋斗，必将凝聚起实现中华民族伟大复兴的磅礴力量，指引我们不断从胜利走向新的胜利！

（2012年11月30日《经济日报》）

激扬“中国梦”　伟大“中国梦”

▲经济日报评论员

实现中华民族伟大复兴，是中华民族近代以来最伟大的梦想，是每一个中华儿女的共同期盼，是一代代中国共产党人的历史重任和理想夙愿。“中国梦”是强国的梦、是富民的梦，是激扬的梦、是美丽的梦。建立人民当家做主的新中国、确立社会主义基本制度、开创中国特色社会主义道路，在彪炳千秋的伟业中，是“中国梦”始终照亮着我们前进的方向；从“一穷二白”到世界第二大经济体，从“一无所有”到神九飞天，从“东亚病夫”到北京奥运会金牌总数第一，在举世瞩目的奇迹中，是“中国梦”凝聚起我们奋发的动力。因为有梦，无数仁人志士、革命先烈前赴后继，抛头颅洒热血；因为有梦，无数个罗阳在工作岗位上默默奉献，精业敬业，不惜献出宝贵的生命；还是因为有梦，无数普通人埋头苦干，用辛勤的汗水创造自己的幸福生活。

今天，我们比历史上任何时候都要更加接近中华民族伟大复兴这个梦想，比历史上任何时候都更有信心、更有能力实现中华民族伟大复兴这个梦想。

实现“中国梦”，我们自信满怀。砥砺奋进90多年，中国共产党创造、积累了“道路自信、理论自信、制度自信”，这是我们的根本成就，是我们前进的动力之源。道路决定命运，找到一条正确的道路多么不容易，我们必须坚定不移地走下去。伟大的思想引领伟大的时代。自觉地把科学发展观贯彻到现代化建设全过程，是我国经济社会再创新辉煌的坚实保障。

实现“中国梦”，我们责任在肩。我们清醒地认识到，我国仍处于并将长期处于社会主义初级阶段的基本国情没有变，人民日益增长的物质文化需要同落后的社会生产之间的矛盾这一社会主要矛盾没有变，我国作为世界上最大的发展中国家的国际地位没有变。如期全面建成小康社会的任务十分紧迫，如期建成富强民主文明和谐的社会主义现代化国家的目标十分艰巨。空谈误国，实干兴邦。要把蓝图变为现实，还有很长的路要走，需要我们付出长期艰苦的努力。

这是我的梦，这是你的梦。只有祖国强盛、民族复兴，才有我们个人的幸福生活。让我们以扎实的工作、饱满的热情，一步一个脚印，共同成就现代化和民族复兴的“中国梦”。

（2012年12月1日《经济日报》）

雄关漫道真如铁

——论中华民族伟大复兴的“中国梦”

▲解放军报评论员

“中国梦”，这是令每一个中华儿女都心驰神往的字眼。

习近平总书记在参观《复兴之路》展览时，用“雄关漫道真如铁”、“人间正道是沧桑”、“长风破浪会有时”生动概括了中华民族的昨天、今天和明天，深情诠释了“中国梦”的缘起、发展和内涵，给人们以奋进的激情和力量。

任何一个民族，都有自己的梦想。近代以后，灾难深重的中国内忧外患、无约不损、无战不败，无辜无助的百姓流离失所、饥寒交迫、生灵涂炭。中华民族遭受的苦难之重、付出的牺牲之大，在世界历史上都是罕见的。然而，一个危若累卵、任人宰割的民族，是没有资格谈论梦想、更没有条件实现梦想的。

“灵台无计逃神矢，风雨如磐暗故园。”面对山河破碎、列强欺凌，中国人民从不屈服，不断奋起抗争。从辛亥的枪声到五四的怒吼，从南湖红船“开天辟地”到新中国成立“改天换地”，再到改革开放“翻天覆地”，一代又一代仁人志士用鲜血点燃激情，用信心唤起力量，终于掌握了自己的命运，开始了建设现代化国家的伟大进程，充分展示了以爱国主义为核心的伟大民族精神。一个千疮百孔、四分五裂的旧中国，终于变成了一个团结统一、前途光明的新中国；一个积贫积弱、一穷二白的半殖民地半封建国家，终于变成了一个初步繁荣昌盛、充满生机活力的社会主义国家。中华民族伟大复兴的梦想，从此开始扬帆起航。

落后就要挨打，发展才能自强。这是中国人民从深痛的历史教训中得出的深刻结论。正是因为紧紧依靠人民，紧紧依靠发展，我们党才从根本上改变了中国人民和中华民族的前途命运，不可逆转地结束了近代以来中国内忧外患、积贫积弱的悲惨命运，不可逆转地开启了中华民族不断发展壮大、走向伟大复兴的历史进军，使中华民族以崭新的姿态屹立于世界民族之林。面向未来，无论时代如何变迁，无论形势如何变化，都要坚定不移地把发展作为党执政兴国的第一要务。

在新的征程上，我们更加清晰地看到，中国人民比历史上任何时期都更接近中华民族伟大复兴的目标，都更有信心、更有能力实现这个目标。同时，我们也要清醒地认识到，我国仍处于并将长期处于社会主义初级阶段的基本国情没有变，人民日益增长的物质文化需要同落后的社会生产之间的矛盾这一社会主要矛盾没有变，我国是世界上最大发展中国家的国际地位没有变。发展仍是解决我国所有问题的关键。我们既不能妄自菲薄，也不能妄自尊大。全军官兵要进一步增强忧患意识、创新意识、宗旨意识、使命意识，坚持以推动国防和军队建设科学发展为主题，以加快转变战斗力生成模式为主线，不断提高以打赢信息化条件下局部战争能力为核心的完成多样化军事任务能力，全面履行新世纪新阶段我军历史使命，用忠诚托起伟大的“中国梦”。

（2012年12月1日《解放军报》）

人间正道是沧桑

——二论中华民族伟大复兴的“中国梦”

▲解放军报评论员

走什么样的道路，选择什么发展方向，关系到一个国家、一个民族的前途和命运。

习近平总书记在参观《复兴之路》展览时指出，改革开放以来，我们总结历史经验，不断艰辛探索，终于找到了实现中华民族伟大复兴的正确道路，取得了举世瞩目的成果。这条道路就是中国特色社会主义。他还用“人间正道是沧桑”的诗句，形象概括了中华民族的今天，给人以深刻的启示。

梦里寻她千百度，艰辛探得复兴路。山重水复、曲折前行，是历史发展的规律，也是探索道路的常态。因为历史的道路从来就不笔直平坦，有荆棘，有沟坎，有泥泞，有沼泽。中国特色社会主义道路，就是一条在机遇与挑战中不断探索与开辟出来的道路。

回首中国近代以来特别是改革开放以来波澜壮阔的历史，从“摸着石头过河”到“大胆地试，大胆地闯”，从提出“社会主义市场经济”命题到推动经济社会发展方式转变……我们党紧紧依靠人民，把马克思主义基本原理同中国实际和时代特征结合起来，独立自主走自己的路，历经千辛万苦，取得辉煌成就，开创和发展了中国特色社会主义，从根本上改变了中国人民和中华民族的前途命运。

“看似寻常最奇崛，成如容易却艰辛。”中国特色社会主义道路，凝结着多少仁人志士的奋斗和牺牲，承载着多少中华儿女的梦想和期盼。这是一条国家富强之路、人民幸福之路、民族振兴之路。正是在这条道路上，中华民族伟大复兴展现出更加光明的前景。

道路决定命运，找到一条正确的道路多么不容易，我们必须坚定不移走下去。因为历史已经证明，无论是封闭僵化的老路，还是改旗易帜的邪路，都是绝路、死路，都行不通。如果说只有社会主义才能救中国，那么在当代中国，只有中国特色社会主义道路而没有别的什么道路能够发展中国、富强中国。在实现“中国梦”的征程上，无论遭遇什么样的困难，面临什么样的考验，对于这条道路，我们都必须倍加珍惜、始终坚持。

高举中国特色社会主义伟大旗帜，是人民军队使命所系；维护中国特色社会主义道路，是我军义不容辞的崇高责任。全军官兵要深刻认识坚定不移走中国特色社会主义道路的极端重要性，深刻认识坚持和发展中国特色社会主义对军队建设的重大意义，不断增强道路自信、理论自信和制度自信，不为任何风险所惧，不为任何干扰所惑，真正做中国特色社会主义的坚定信仰者、忠诚捍卫者和积极建设者，为实现中华民族伟大复兴而努力奋斗。

（2012年12月2日《解放军报》）

长风破浪会有时

——三论中华民族伟大复兴的“中国梦”

▲解放军报评论员

历史是一面镜子，也是一部生动的教科书。大型展览《复兴之路》，就像一部活生生的历史，不但讲述着昨天，而且映照着今天，更深刻地昭示着明天。

习近平总书记在参观《复兴之路》展览时指出，中华民族的明天，可以说是“长风破浪会有时”。这一富有诗意的概括，把中华民族百余年奋斗的光明前景，生动地呈现在世人面前，使人们清晰地看到，现在，我们比历史上任何时期都更接近中华民族伟大复兴的目标，比历史上任何时期都更有信心、有能力实现这个“中国梦”。这个梦，鼓舞人心，催人奋进。

中国近代史，是一部艰难求索史，也是一部不懈奋斗史。从封建专制到人民民主，从一盘散沙到团结和谐，从封闭愚昧到文明开放，从备受欺凌到独立自主，中华民族雪耻图强的探索从未停止，伟大复兴的梦想从未泯灭。多少悲壮、多少豪迈，多少曲折、多少奋斗，中国共产党带领人民不断从苦难走向辉煌，不可逆转地结束了中国积贫积弱的悲惨历史，不可阻挡地开启了中华民族不断发展壮大的历史进程，中华民族以前所未有的雄姿巍然屹立于世界民族之林，无数仁人志士梦寐以求的伟大复兴展现出无比光明的前景。

潮平两岸阔，风正一帆悬。当今中国，正稳步行进在中国特色社会主义道路上。纵观国际国内大势，我国发展仍处于可以大有作为的重要战略机遇期。抓住机遇、加快发展，是改革开放30多年的重要经验，也是实现"中国梦"的关键所在。党的十八大集中全党智慧，体现人民意愿，适应时代要求，提出了宏伟奋斗目标，描绘了壮丽发展蓝图，进一步坚定了我们实现"中国梦"的决心和信心。而要把梦想变成现实，还有很长的路要走，需要一代又一代人的艰苦努力，需要全党同志承前启后、继往开来。在新的征途上，无论是风和日丽，还是波谲云诡，中国发展前进的航船永不停歇，中华民族伟大复兴的梦想永不改变。

我军作为党绝对领导下的人民军队，在中华民族伟大复兴的道路上肩负着重大责任。我们要进一步增强忧患意识、创新意识、宗旨意识、使命意识，牢固确立科学发展观在国防和军队建设中的指导地位，毫不动摇坚持党对军队的绝对领导，全面加强军队革命化现代化正规化建设，加紧完成机械化和信息化建设双重历史任务，以忠诚履行使命的实际行动，为国家安全和发展提供强大力量支撑，为实现伟大的“中国梦”贡献力量。

“长风破浪会有时，直挂云帆济沧海”。我们坚信，在以习近平同志为总书记的党中央坚强领导下，在全党全军全国各族人民的共同努力下，坚定不移沿着中国特色社会主义道路前进，到中国共产党成立100年时全面建成小康社会的目标一定能实现，到新中国成立100年时建成富强民主文明和谐的社会主义现代化国家的目标一定能实现，中华民族伟大复兴的梦想一定能实现。

（2012年12月3日《解放军报》）

空谈误国 实干兴邦

——四论中华民族伟大复兴的“中国梦”

▲解放军报评论员

“空谈误国，实干兴邦”，这是千百年来人们从历史经验教训中总结出来的治国理政的一个重要结论。习近平总书记在阐述伟大的“中国梦”时特别强调这8个字，意味深长，振聋发聩，反映了我们党对新形势下执政使命的深刻认知，彰显了新一届中央领导集体求真务实、真抓实干的优良作风，必将凝聚起全党全军全国各族人民的意志和力量，继续朝着中华民族伟大复兴的目标奋勇前进。

古人云：“为政贵在行。”魏晋时期，以何晏、王弼为代表的贵族名士崇尚无关国计民生的清谈，影响一代风气。人们痛陈其害：“何晏、王弼之罪，深于桀、纣。”鲁迅先生在谈到这个时期的社会风气时也说：“许多人只会无端地空谈和饮酒，无力办事，也就影响到政治上，弄得玩‘空城计’，毫无实际了。”实践证明，两军对垒，空谈丧失战机；市场竞争，空谈坐失商机；治国理政，空谈贻误时机……倘若空谈成风，危害就会更大。

中国共产党人历来注重向历史学习，向实践学习，反对空谈、强调实干、注重落实，认为“事业是干出来的，不是说出来的”；“不干，半点马克思主义也没有”。新中国的红色江山，是无数革命先辈一枪一弹、一城一池打下来的；社会主义的宏伟大厦，也是无数劳动者一锹一铲、一砖一瓦垒起来的。正是因为一代代人的埋头苦干和接力奋斗，中华民族的伟大复兴才展现出如此光明的前景，伟大的“中国梦”才越来越接近现实。但也要看到，在少数同志身上仍然存在着一些不好的作风。他们或纸上谈兵，只说不干；或夸夸其谈，工作漂浮；或热衷于形式主义、表面文章，严重脱离群众，损害党和军队的形象，必须坚决克服。

“实干”二字的深意，既在于“埋头苦干”，更在于“认准了就干”。总结中国改革开放成功的原因，总设计师邓小平认为，“不是靠本本，而是靠实践，靠实事求是”，强调“从现在起到下世纪中叶，将是很要紧的时期，我们要埋头苦干”。党的十六大特别是十七大以来，正是因为“认准了就干”，不为任何风险所惧、不为任何干扰所惑，坚定不移地沿着中国特色社会主义道路前进，我们党才在异常复杂的国际国内形势下，牢牢把握发展的重要战略机遇期，夺取全面建设小康社会的新胜利，开创了中国特色社会主义事业的新局面。

实干兴邦，实干强军。军队是要打仗的，尤其讲究实打实，少说空话，多干实事。实干就是不能光耍嘴皮子，而要扑下身子抓落实；就是不能停留在文件上、讲话中，而要提高执行力，付诸实施；就是不能贪图安逸，而要舍得流汗吃苦。我们一定要端正工作指导思想，狠刹形式主义、官僚主义歪风，不图虚名、不务虚功，真正把心思和精力都用在部队建设上。要树立正确的政绩观，以落实的成效作为检验干部政绩的依据，对勤勤恳恳、真抓实干的予以表扬奖励，对搞形式主义、做表面文章的要批评教育乃至惩罚，切实形成这样一个导向：让实干的吃香，空谈的没有市场。

（2012年12月4日《解放军报》）

国家兴亡　匹夫有责

——五论中华民族伟大复兴的“中国梦”

▲解放军报评论员

一代人有一代人的使命，一个人有一个人的担当。

习近平总书记在参观《复兴之路》展览时指出，历史告诉我们，每个人的前途命运都与国家和民族的前途命运紧密相连。国家好，民族好，大家才会好。这一重要论述，深刻阐明了个人命运与国家和民族命运的内在关系，深刻揭示了人民幸福与国家富强的必然联系。

中华民族是一个命运共同体。国家的命运、民族的命运，就是我们个人的命运。近代以来，中国人民之所以任人宰割，中华儿女之所以饱受屈辱，一个重要原因就在于我们的国家积贫积弱、一盘散沙。今天，我们之所以能扬眉吐气，自立于世界民族之林，根本就在于新中国站起来、富起来、强起来了。正是国家和民族的日益强盛，让人民幸福有了可靠依托；正是“中国梦”的茁壮成长，使个人梦想有了坚实基础。实践证明，只有民族振兴、国家富强，人民才有幸福生活，个人才有美好未来。

中华民族自古以来就有家国情怀和以天下为己任的优良传统。这是以爱国主义为核心的民族精神的集中体现。“中国梦”凝聚着几代中国人的夙愿，体现了中华民族和中国人民的整体利益，是每一个中华儿女的共同期盼。正因为如此，无数仁人志士“苟利国家生死以，岂因祸福避趋之”，以“位卑未敢忘忧国”的民族大义和历史担当，抛头颅，洒热血，矢志追逐“中国梦”，书写了撼天动地的家国情怀，托起了中华民族伟大复兴的希望。

“世事沧桑心事定，胸中海岳梦中飞。”“中国梦”体现的是人们对美好生活的憧憬，更是对国家和民族未来的信心。党的十八大站在新的历史起点上，描绘了国家发展的宏伟蓝图，提出在中国共产党成立100年时全面建成小康社会，在新中国成立100年时建成富强民主文明和谐的社会主义现代化国家。“中国梦”已是跃出东方地平线上的一轮绚丽红日。但是，要把梦想变成现实，还需一代又一代中华儿女不懈努力，需要我们始终与民族同命运、与祖国共奋进、与时代齐发展，让“个人梦”与“中国梦”交相辉映。

国家兴亡，匹夫有责。我军是人民民主专政的坚强柱石，是保卫祖国的钢铁长城，是建设中国特色社会主义的重要力量，在实现中华民族伟大复兴的征途上肩负着重大历史责任。全军官兵一定要把个人的前途命运与国家和民族的前途命运紧密联系起来，把个人理想追求融入到党、国家和军队的壮丽事业中，积极投身加快推进国防和军队现代化的伟大实践，更加自觉、更加坚定、更加努力地为实现“中国梦”贡献青春、智慧和力量。

（2012年12月5日《解放军报》）

“中国梦”：内涵·路径·保障

▲中央党校中国特色社会主义理论体系研究中心

每个人都有自己的梦想，每个民族也都有自己的梦想。习近平总书记指出，实现中华民族伟大复兴，就是中华民族近代以来最伟大的梦想。这个梦想，凝聚了几代中国人的夙愿，体现了中华民族和中国人民的整体利益，是每一个中华儿女的共同期盼。

走过“雄关漫道真如铁”的昨天，跨越“人间正道是沧桑”的今天，“中国梦”正指引当代中国向着“长风破浪会有时”的明天迈进。

伟大复兴：“中国梦”的深刻内涵

有所思即有所梦，梦的内容反映的是追求、体现的是抱负。在中华民族伟大复兴的背后，是千年的回响、百年的渴望。

中华民族有着悠久灿烂的文明，长期居于世界文明发展的先进行列。据有关学者测算，直到18世纪末期，中国的经济规模仍是世界上最大的，相当于20世纪末期美国经济总量在世界经济总量中的比重。但近代以来，在西方坚船利炮的侵略下，中华民族遭受了深重苦难、付出了重大牺牲，辉煌不再，尊严难立，中华儿女也从此开始了百年“中国梦”的辛苦求索、艰难追寻。

对近现代中华儿女来说，实现中华民族伟大复兴绝不仅是一句豪言壮语，而是有着十分深刻的内涵，这就是让国家更强盛、人民更幸福，中华民族对世界做出更大贡献。

——国家不富强，就会被人欺侮；民族不复兴，就无颜担当龙的传人。实现中华民族伟大复兴，不是简单地重寻昔日的荣光，而是要让曾经饱受列强欺侮、目前尚是发展中国家的中国经济发展、政治昌明、文化繁荣、社会和谐，到21世纪中叶成为富强民主文明和谐的社会主义现代化国家。

——强国才能富民，强国也是为了富民。没有人民富裕，发展就不算成功；没有人民幸福，复兴就不算完成。实现中华民族伟大复兴，就是要让中国人民有更好的教育、更稳定的工作、更满意的收入、更可靠的社会保障、更高水平的医疗卫生服务、更舒适的居住条件、更优美的环境，让我们的孩子们成长得更好、工作得更好、生活得更好。进一步说，就是要让中国人民过上更加富裕、更有尊严的生活，实现每个人自由而全面的发展。

——处于伟大复兴进程中的中国，在追求本国利益时兼顾他国合理关切，在谋求本国发展中促进各国共同发展；处于伟大复兴进程中的中国，坚持把本国人民利益同各国人民共同利益结合起来，以更加积极的姿态参与国际事务，共同应对全球性挑战，共同破解人类发展难题。一句话，"中国梦"不仅是属于中国的，也是属于世界的。

"三位一体"："中国梦"的路径选择

梦不同，圆梦的道路亦不同。

现代西方发展道路，是在其几百年的资本主义背景下确立起来的，背后更有着上千年的西方文化滋养，有着崇尚个人奋斗、自我实现的核心价值观，还有着几百年海外殖民掠夺的"资本"。这些都与崇尚和平、崇尚集体主义的中华文化存在重大差异。鸦片战争以来170多年的历史告诉我们，实现"中国梦"一定要走中国自己的路。

经过几代中国共产党人和中国人民的艰辛探索，我们终于找到了实现"中国梦"的科学道路——中国特色社会主义。这就是在中国共产党领导下，立足基本国情，以经济建设为中心，坚持四项基本原则，坚持改革开放，解放和发展社会生产力，建设社会主义市场经济、社会主义民主政治、社会主义先进文化、社会主义和谐社会、社会主义生态文明，促进人的全面发展，逐步实现全体人民共同富裕，建设富强民主文明和谐的社会主义现代化国家。

中国特色社会主义道路，是一条爱国主义、集体主义道路。国家好，民族好，大家才会好。中国特色社会主义道路，将个人的奋斗发展与全体人民、全民族的奋斗发展有机统一起来，充分尊重人民群众的主体地位，充分发挥人民群众的积极性主动性创造性，让人民群众自己当家做主实现自己的发展，建设自己的社会；它始终注意经济社会发展由人民群众主导、由人民群众决定；始终注意让经济社会发展的一切成果，包括物质成果和精神成果都能为人民群众共享。

中国特色社会主义道路，是一条和谐发展、和平发展道路。饱受帝国主义、殖民主义之害的中华民族深深懂得和谐与和平的宝贵，决不会再走西方列强殖民侵略、霸权扩张的老路。中国的发展不是自私自利、损人利己、你赢我输的发展，对他国、对世界绝不是挑战和威胁。中国绝不会称霸，绝不搞扩张。中国越发展，对世界和平与发展就越有利。中国不仅是合作共赢的积极倡导者，更是合作共赢的切实践行者。

中国特色社会主义道路，是经过90多年艰辛探索、为30多年成功实践所证明的正确道路。连续30余年的经济高速增长、世界第二的经济总量、13亿人口的总体小康、在全球性金融危机中一枝独秀的表现、在一系列大事难事喜事方面的作为等等，充分证明了中国特色社会主义的巨大优越性。特别是随着中国特色社会主义道路、理论体系、制度“三位一体”的确立，我们在未来发展的征程上将越来越自觉、越来越自信。

实干兴邦：“中国梦”的根本保障

梦想照进现实，关键在于行动、在于实干。

邓小平同志曾讲过，不干，半点马克思主义都没有。同样道理，不干，中华民族伟大复兴也只能停留在梦中。空谈误国，实干兴邦。只有行动第一、实干第一，才能为“中国梦”照进现实打下坚实基础、提供根本保障。

坚持求真务实。行百里者半九十。中国特色社会主义的发展，让我们今天比历史上任何时期都更接近中华民族伟大复兴的目标，比历史上任何时期都更有信心、有能力实现这个目标。同时，我国仍处于并将长期处于社会主义初级阶段的基本国情没有变，人民日益增长的物质文化需要同落后的社会生产之间的矛盾这一社会主要矛盾没有变，我国是世界最大发展中国家的国际地位没有变。这就要求我们牢牢把握社会主义初级阶段这个最大国情和最大实际，既不妄自尊大，也不妄自菲薄，而是一切从实际出发，出实策、鼓实劲、办实事，夙夜在公、勤勉工作，杜绝追求表面文章，不讲实际效果、实际效率、实际速度、实际质量、实际成本的形式主义，一步一个脚印地描绘蓝图、实现梦想。

勇于攻坚克难。“中国梦”的实现不会一蹴而就，也不可能一帆风顺。在圆梦的征程中，还必须准备进行具有许多新的历史特点的伟大斗争，可能会遇到巨大的阻力，遭受巨大的压力，需要趟过深水区、踏过地雷阵。这会让我们已经习惯了的行为模式不再管用、不再能用，需要我们以更大的政治勇气和智慧、更大的政治觉悟和热情，突破制约“中国梦”实现的利益固化的樊篱，消除阻碍“中国梦”实现的不正当行为，为“中国梦”的实现扫清障碍、铺平道路。

善于开拓创新。从很大程度上说，“中国梦”是以开拓创新为支撑的梦想。在社会主义初级阶段的背景下实现中华民族伟大复兴，在发展中国家的基础上建设现代化，在13亿多人口的国度中实现共同富裕，在为西方主导的世界格局中实现大国的和平发展等等，所有这些都是过去从来没有过的全新事物、全新探索、全新实践。在这个意义上，“中国梦”也是人类社会前所未有的一个崭新的梦。这就要求我们不能满足于寻常的做法，更不能因循守旧，而要以开拓创新的精神寻找新方法、探索新路径、积累新经验、采取新举措，用创新走出新路，用创新实现新梦。

执笔：辛 鸣

（2013年1月4日《人民日报》）

用“中国梦”凝聚强大精神能量

▲教育部中国特色社会主义理论体系研究中心

一段时间以来，习近平同志关于“中国梦”的深情阐述，再度引起了中华民族对自身光荣、责任、使命的热切关注，激发了中华儿女走向伟大复兴新的自觉。用实现中华民族伟大复兴的“中国梦”凝聚强大精神能量，是近代以来中国人民坎坷追梦历程的深刻启示，也是我们面向未来开拓前进应时刻秉持的基本法则。

“中国梦”贯穿中国近现代史

梦想是激励人们发奋前行的精神动力。当一种梦想能够将整个民族的期盼与追求都凝聚起来的时候，这种梦想就有了共同愿景的深刻内涵，就有了动员全民族为之坚毅持守、慷慨趋赴的强大感召力。实现中华民族伟大复兴，是全体中华儿女的伟大梦想和共同愿望，也是中国近现代史的主题。

中国在人类社会发展史上曾经长期处于领先地位，但进入近代以后，逐渐落伍了。1840年以后，由于西方列强的入侵和满清王朝的腐朽，中国一步步沦为半殖民地半封建社会。在绝境中猛醒、在苦难中奋起的中华民族，为民族大义所激奋，日益紧密地凝聚在民族复兴的伟大旗帜下，中华民族向前、向上的生命力日益强劲地迸发出来。为了改变国家和民族的命运，一批又一批仁人志士进行了艰辛努力和不懈探索。然而，从太平天国到洋务运动，从戊戌变法到辛亥革命，都没有完成救亡图存的历史使命。实践证明，不触动封建根基的自强运动、旧式的农民起义、资产阶级革命派领导的民主革命，都无法改变中国的命运。

正当中国人民不断失败又重新奋起之时，十月革命一声炮响，给中国送来了马克思列宁主义。1921年，中国共产党应运而生。中国共产党自诞生之日起，就自觉肩负起实现中华民族伟大复兴的神圣使命，团结带领全国各族人民完成了民族独立和人民解放的历史任务。新中国成立之后，中国共产党又带领人民实现了从新民主主义到社会主义的过渡，开始了在社会主义道路上实现中华民族伟大复兴的历史征程。“中国梦”和中国近现代史日益呈现出光明的色彩。

中国特色社会主义是“圆梦”的唯一正确道路

梦想连接道路，道路决定命运。没有正确的道路，就无法会聚各方的力量，再美好的梦想也无法实现。90多年来，我们党紧紧依靠人民，把马克思主义基本原理同中国实际和时代特征结合起来，独立自主走自己的路，历经千辛万苦，付出各种代价，取得革命建设改革伟大胜利，开创和发展了中国特色社会主义，从根本上改变了中国人民和中华民族的前途命运。事实证明，中国特色社会主义是实现“中国梦”的唯一正确道路。

在中国特色社会主义道路上，近代以来中华民族的历史命运实现了两个“不可逆转”：不可逆转地结束了内忧外患、积贫积弱的悲惨命运；不可逆转地开启了不断发展壮大、走向复兴的历史进程。现在的中国，比历史上任何时期都更接近中华民族伟大复兴的目标，比历史上任何时期都更有信心、有能力实现这个目标。在中国特色社会主义道路上，我们创造了同期世界上大国最快的经济增长速度、最快的对外贸易增长速度、最快的外汇储备增长速度、最快且人数最多的脱贫致富速度、最大规模的社会保障体系；今天的世界对“中国信息”充满饥渴、对“中国奇迹”充满惊叹、对中华文化充满兴趣，今天的中华民族越来越走向世界舞台的显著位置，赢得越来越多的民族荣耀与民族尊严。鸦片战争以来170多年的“中国梦”，在今天比以往任何时候都更加清晰、更加现实。

随着改革开放的深入推进，我们正经历空前的社会巨变：经济体制深刻变革，社会结构深刻变动，利益格局深刻调整，人们的价值追求也越来越多元多样。然而，价值追求的“多”并非与“一”截然对立，“多”的存在往往推动着人们对“一”的意义做出更深的理解，强化着人们对“一”的渴求，也为“一”的实现注入更多的活力。中国特色社会主义描绘了人们美好生活的蓝图，展现了中华民族伟大复兴的光明前景和科学路径，把每个人的前途命运与国家、民族的前途命运紧密联系起来。今天，继续“中国梦”的“圆梦”之旅，中国特色社会主义无疑是唯一正确的途径。

继续“圆梦”需要团结实干、开拓创新

实现中华民族伟大复兴是一项光荣而艰巨的事业，需要一代又一代中华儿女共同为之努力。在前进道路上，我们还面临许多困难和挑战。继续“圆梦”，需要我们高举中国特色社会主义伟大旗帜，团结实干、开拓创新。

进一步赋予“中国梦”丰富的内涵。任何一个能够引领民族发展进步的梦想都是美好的，任何美好的梦想都

必然伴随时代的节拍、顺应现实条件的变化而变化。中华民族的复兴梦同样如此。在民族独立的梦想已经在艰苦卓绝的奋斗中得以实现之后，我们又将建设富强民主文明和谐的社会主义现代化国家，推动社会更加自由、平等、公正、法治，将我们的生活家园建设得更加美丽等写在了中国特色社会主义伟大旗帜上。对国家、民族、人民生活的这些美好愿景，进一步丰富了中华民族伟大复兴的内涵，进一步展现了“中国梦”的强大凝聚力、感召力，进一步激发了全体中华儿女团结奋进的强大动力。

进一步凝聚团结奋斗的强大合力。邓小平同志说过：“我们共产党人的最高理想是实现共产主义，在不同历史阶段又有代表那个阶段最广大人民利益的奋斗纲领。因此我们才能够团结和动员最广大的人民群众，叫作万众一心。”民族复兴的伟大目标只有转化为一个个相互关联、具体实在的建设要求，才能鼓舞人心、凝聚力量，才能在人们的具体实干中变为现实。党的十八大提出了全面建成小康社会和全面深化改革开放的奋斗目标，引领着民族复兴进程的顺利推进。用“中国梦”凝聚强大精神能量，需要每个行业和领域在此基础上形成具体目标、具体路线图、具体时间表，让全社会的每一部分肌体、每一个工作岗位都焕发出最大的创造活力，进而汇聚为推动民族复兴的建设洪流。

进一步培育攻坚克难的顽强斗志。精神能量的大小，不仅体现在其涵盖面和包容度的大小，也体现在其韧性和强度的高低。没有梦想的民族是可悲的，对美好梦想没有坚定不移、矢志不渝精神状态的民族同样没有前途。中华民族富有以坚定的信念和坚韧的毅力追求梦想的精神基因。在推进民族复兴的新征程中，我们面临的发展机遇和风险挑战前所未有，我们需要面对多种长期的、复杂的、严峻的考验，需要准备进行具有许多新的历史特点的伟大斗争。面对风险挑战和危险考验，我们唯有不断增强道路自信、理论自信、制度自信，更加坚定坚毅，更加清醒自觉，进一步培育攻坚克难的顽强斗志，进一步深化改革开放，始终坚持和发展中国特色社会主义，才能迎来中华民族伟大复兴更加光辉灿烂的前景。

执笔：沈壮海　佟　斐

（2013年1月10日《人民日报》）

坚定走在复兴之路上

▲国防大学中国特色社会主义理论体系研究中心

在中华民族伟大复兴新征程开启之际，习近平总书记和其他中央领导同志参观《复兴之路》展览并发表重要讲话。讲话站在历史、现实与未来的交会点上，回顾了170多年来中国人民所历经的抗争和奋斗，审视了中国特色社会主义事业所面临的机遇和挑战，展望了中华民族伟大复兴的未来和前景，向世界传递了中国共产党人敢于担当的历史责任感和坚定自信心，让人思索，给人期待，催人奋进。

中华民族伟大复兴之梦曲折而坚定

实现中华民族伟大复兴是近代中国无数仁人志士的

苦苦追求。在人类历史发展的长河中，勤劳勇敢的中华民族曾创造了令人叹为观止的灿烂文明。但伴随着欧洲工业革命的发生，中国在世界历史发展的进程中逐渐落伍了。“落后就要挨打”，鸦片战争以后，清政府在西方列强的坚船利炮下割地赔款，备受屈辱。中华民族面临的危机激起了国人自强自立的民族精神，争取民族独立、人民解放，实现国家富强、人民富裕成为中华民族必须完成的历史任务。然而世界现代化的历史进程也表明：民族的独立、主权的完整是任何国家实现现代化、任何民族实现复兴都必需的历史条件，没有这个历史条件，再美妙的蓝图都是海市蜃楼。依傍在腐朽封建王朝下的洋务运动、戊戌变法品尝的只能是失败的苦果，依托软弱的资产阶级所进行的辛亥革命虽然推翻了统治中国千年的君主专制制度，但中华民族复兴还只是遥远之梦。

实现中华民族伟大复兴是中国共产党的不懈追求。近代仁人志士的艰辛探索充分表明，要实现民族复兴，必须找到能够指导中国前进的先进理论，必须找到能够领导人民进行革命的先进力量。站在民族危急关头的中国共产党人，在马克思主义的指导下，将社会主义价值目标与民族价值目标结合起来，确定了通过“革命化”实现“现代化”的民族复兴之路。新民主主义革命，不再仅仅是中国共产党政治价值目标实现的要求，也是实现中华民族伟大复兴的要求，“建设一个独立的、自由的、民主的、统一的、富强的新中国”成为激励社会各阶层人民群众参与、支持革命的强大精神动力。新中国成立后，我们党努力在现代化建设实践中探索实现民族复兴之路。虽然探索的历程充满曲折，但20多年的理论成果和巨大成就，还是为新的历史时期开创中国特色社会主义提供了宝贵经验、理论准备、物质基础。

中国特色社会主义道路的开辟，使中华民族无限接近伟大复兴的目标。鉴于近代中国历次模仿西方现代化模式均无果而终，以及传统社会主义现代化方案弊端凸显，以邓小平、江泽民、胡锦涛为代表的中国共产党人，勇敢承担起一个先进执政党的历史责任，以无畏的探索精神，开辟、坚持和发展了以改革开放为动力的中国特色社会主义道路。从此，“中国梦”因有正确道路的指引而一片光明。30多年来，在改革开放的推动下，在中国特色社会主义道路的指引下，社会生产力得到了极大解放，人民群众物质文化生活水平得到极大改善，中国人民的面貌、社会主义中国的面貌、中国共产党的面貌不断发生新的历史性变化。这一切，都彰显了中国特色社会主义的强大生机，预示着中华民族伟大复兴的光明前景。正如习近平总书记所强调的那样：“现在，我们比历史上任何时期都更接近中华民族伟大复兴的目标，比历史上任何时期都更有信心、有能力实现这个目标。”

引领中华民族伟大复兴之路弥足珍贵

“天若有情天亦老，人间正道是沧桑。”回首近代以来中国波澜壮阔的历史，展望中华民族充满希望的未来，坚定不移走中国特色社会主义道路是我们得出的一个坚定结论。“道路决定命运，找到一条正确的道路多么不容易，我们必须坚定不移走下去。”所有致力于民族复兴大业者，应当牢记习近平总书记这段话。

必须倍加珍惜中国特色社会主义道路。经济的快速发展使中国成为全球的“焦点”，现代化建设的成就使“中国道路”成为“世界的经验”。从“华盛顿共识”到“北京共识”，反映了世界对中国特色社会主义道路的高度认可。回望历史，既令人荡气回肠，也让人感慨万分。一路走来，中国的上空并非总是阳光雨露，也有风雪阴霾。30多年来，我们既遭遇了“两个凡是”思想的樊篱，也遭遇了“姓资姓社”问题的纠结；既承受了苏联东欧剧变引发的冲击，也承受了国内政治风波带来的震荡；既经历了巨大自然灾害的考验，也经历了国际金融危机的挑战。国际问题与国内问题互动，政治问题与经济问题互联，重大自然灾害与国际金融危机交织，构成了盛世中国的成长背景。我们能够化“危”为“机”，变压力为动力，是因为我们始终坚守正确的道路。道路来之不易，理应倍加珍惜；道路成就斐然，理应始终坚持。实现社会主义现代化和中华民族伟大复兴，我们既不能走封闭僵化的老路，更不能走改旗易帜的邪路，而必须始终沿着中国特色社会主义道路前进。我们要坚定这样的道路自信。

必须倍加珍惜中国特色社会主义理论体系。一个民族要站在时代的制高点，一刻也离不开理论思维。“十月革命一声炮响，给我们送来了马克思主义”，也改变了20世纪中国的走向。成功的实践已经证明科学理论的力量，90多年来，中国的奇迹之所以不断出现，最重要的就是我们形成和发展了毛泽东思想和中国特色社会主义理论体系。未来仍会是一个机遇和挑战并存的年代，也仍会是一个亟须科学理论指导的年代。伴随着日趋激烈的国家综合国力竞争、持续深入的社会整体转型、不断复杂的利益格局调整，人们思想活动的独立性、选择性、差异性明显增强，各种文化思潮交流交融交锋日趋频繁。在这样的背景下如何激浊扬清、明辨是非，既考验着我们党治国理政的能力，也考验着我们党理论自觉自信的程度。在新的征程上，社会主义现代化和中华民族伟大复兴要在各种思想诱惑和思潮诱导中始终保持正确的航向，必须以已经为实践所证明为正确的中国特色社会主义理论体系作指导思想，不为外界所惑所扰。我们要坚定这样的理论自信。

必须倍加珍惜中国特色社会主义制度。制度制约全局、影响根本、保障长远，制度问题关系党和国家的前途命运。中国特色社会主义制度，集中体现了中国特色社会主义的特点和优势，它有利于保持党和国家活力，有利于解放和发展社会生产力，有利于促进社会公平正义，有利于集中力量办大事，有利于维护民族团结、社会稳定、国家统一。实践也已证明，正是依靠中国特色社会主义的制度优势，中华民族才能在突如其来的自然灾害面前岿然不动，在波谲云诡的国际金融危机之中率先突围。当前及今后一段时间，我们面临的机遇前所未有，但面临的挑战也前所未有。对于已经深度融入全球化浪潮并身处复杂变动的世界政治环境中的中国来说，在新的历史起点上继续开创中国特色社会主义事业新局面，必须要发挥中国特色社会主义制度的保驾护航作用。我们要坚守这样的制度自信。

用中华民族伟大复兴的事业凝聚力量

“长风破浪会有时，直挂云帆济沧海。”经过鸦片战争以来历代中国人的不懈奋斗，中华民族伟大复兴的前景逐渐明朗。“历史告诉我们，每个人的前途命运都与国家和民族的前途命运紧密相连。国家好，民族好，大家才会好。实现中华民族伟大复兴是一项光荣而艰巨的事业，需要一代又一代中国人共同为之努力。”完全实现中华民族伟大复兴的宏伟目标，是每一个中华儿女的历史责任。

用中华民族伟大复兴事业凝聚全党的力量。在中国，中国共产党与中华民族伟大复兴事业是紧密联系在一起的，没有共产党，就不可能实现中华民族伟大复兴，中华民族伟大复兴的历史进程也推动了中国共产党的发展壮大。在启蒙救亡和解放运动中，中国共产党把马克思主义与民族自强期盼相结合，锤炼成“振兴中华”的历史号角。正是在这一号角的召唤下，一批批工农群众、知识分子加入中国共产党，融入到波澜壮阔的民族独立、解放、自强洪流。这些都充分展现了中华民族伟大复兴事业的巨大凝聚力。一代人有一代人的责任，一代人也有一代人的挑战。时至今日，人民群众在为我们党拥有从焦裕禄到罗阳这样优秀党员干部而自豪的同时，也为不时涌现的“表哥”、“房叔”这样的党员干部而焦虑。马克思曾经说过，问题就是时代的口号。面对“四大考验”、“四大危险”，中国共产党要继续保持在民族伟大复兴事业中的领导核心地位，尤其需要唤醒内心深处的民族复兴责任担当意识。在责任担当中时刻保持清醒头脑，在责任担当中认真体验人民疾苦，才能凝聚起全党的能量和信心，让实现中华民族伟大复兴成为激发全党始终保持团结奋发士气的力量之源。

用中华民族伟大复兴事业凝聚全国各族人民的力量。凝聚共识，形成合力，是事业不断取得成功的基础和保证。回顾中华民族伟大复兴的历史进程，我们之所以能够击败强敌、化解挑战，“靠的是全党全国各族人民的团结奋斗”。今天的中国，利益格局复杂多样，社会思潮复杂多变，人民诉求复杂多元，统一思想、凝聚力量的任务空前艰巨。古人云，治大国若烹小鲜，百味食材能否熔于一炉，全凭五味调和之艺。同样，一个国家的人民能否心往一处想、劲往一处使，全看能否在不同社会阶层的交流互动中构建最大限度的理想认同和价值认同。“每个人都有理想和追求，都有自己的梦想”，今天的中国，虽然每个人梦想各异，但实现中华民族伟大复兴却是每一个中国人的共同价值理想。“国家好，民族好，大家才会好。”凝聚共识、积聚力量，既需要通过合理的制度安排，让发展成果更多更公平惠及全体人民，也需要引导人们深刻认识国家富强、民族复兴的伟大意义，自觉把个人理想追求融入到中华民族伟大复兴的理想之中。

用中华民族伟大复兴事业凝聚海外中华儿女的力量。中华文化的核心是爱国主义。170多年来，广大海外中华儿女在以爱国主义为核心的民族精神鼓舞下，凭着对中华民族的深厚感情，积极支持、参与中华民族伟大复兴事业，为民族复兴做出了重要的历史性贡献。在旧中国外侮内患、山河残破、民不聊生的苦难时期，他们千方百计地支持民主革命事业和民族解放事业；在新中国建设时期，面对千疮百孔、一穷二白的祖国，他们积极地支持和参加社会主义建设事业；在改革开放新时期，他们纷纷回国创业。历史发展到今天，实现民族伟大复兴已经成为全体海外中华儿女的共同理想；祖国强大才能共享荣誉和尊严，中华复兴才能带来自豪感和幸福感已经成为海外中华儿女的共同信念。不闻金沙水拍，同样要闯激流险滩；未见大渡桥横，同样要斩关夺隘。实现中华民族复兴是一项异常艰巨而又复杂的事业，仍需海内外中华儿女的共同奋斗。以促进中华民族伟大复兴为基础，推动海内外全体中华儿女的大团结，就一定能够实现“两个百年”的宏伟目标。

以实干托起中华民族伟大复兴之梦

实践是马克思主义的鲜明品格，实干是中国共产党的优良作风。“展望未来，全党同志必须牢记，要把蓝图变为现实，还有很长的路要走，需要我们付出长期艰苦的努力。”把“中国梦”变成现实，需要每一个党员干部的真抓实干、埋头苦干，需要每一个普通群众的胼手胝足、顽强奋斗。

坚持真抓实干把党建设好。我们党担负着团结带领人民实现中华民族伟大复兴的政治责任。党坚强有力，国家就繁荣稳定，民族复兴就指日可待。把党建设好，亟须弘扬真抓实干的作风。战国时期，只会“纸上谈兵”的赵括，带来的是40万军队覆没和赵国一蹶不振的“历史性灾难”。历史发人深省，但现实也让人忧虑。虽然我们党反复要求“少说空话、多干实事”，但在有些地方、部门和单位，中央的一些方针政策和重大部署贯彻落实得却不好；一些中央三令五申、明令禁止的事情，依然我行我素、屡禁不止。“空谈误国，实干兴邦。”要继承求真务实、真抓实干的优良作风，把人从“文山会海”中解脱出来，把精力投到抓落实中；要秉持正确政绩观，坚决反对形式主义和个人主义，把工作的出发点放到为党尽责、为民造福上，把工作的落脚点放到办实事、求实效上；要坚持正确的用人导向，坚持凭实绩使用干部，让能干者有机会、干成事者有舞台，不让老实人吃亏，不让投机钻营者得利。只要真抓实干，只要把党建设好，人民群众就会自觉团结在党的周围。

坚持改革开放把国家建设好。“落后就要挨打，发展才能自强”。因为发展停滞了，中华民族才在近代遭受了世界历史都罕见的深重灾难；因为发展了，五千年的中华文明才再次赢得世界的尊重。今日中国经过百年持续奋斗，国家的面貌发生了历史性变化。但也要看到，同中华民族伟大复兴目标、同人民群众新期待相比，我们还有很长的路要走。党的十八大报告已经勾画了推进中华民族伟大复兴的宏伟蓝图。在当前和今后一段时间内，必须按照十八大的战略部署，积极推进各项工作。要牢固树立科学发展观的指导地位，更加自觉地把科学发展观贯彻到我国现代化建设全过程、体现到党的建设各方面；要切实按照

“五位一体”总布局的要求，实现经济、政治、文化、社会、生态文明建设的全面协调发展；要紧紧盯住全面建成小康社会和社会主义现代化宏伟目标，不动摇、不懈怠、不折腾，始终保持昂扬向上的精神状态；要牢牢把握夺取中国特色社会主义新胜利的“八个基本要求”，从容应对现代化进程中的各种风险和挑战。只要按照既定的行动纲领，顽强奋斗、艰苦奋斗、不懈奋斗，就能把国家建设好，实现民族伟大复兴也就指日可待。

坚持埋头苦干把军队建设好。鸦片战争以后，中国陷入灾难深渊。几千英军便征服大清帝国的残酷现实，凸显了锻造一支强大军队对于中国的重要性。世界大国崛起的历史也表明，没有强大的军队就不是真正的崛起。今天，面对日益错综复杂的国际国内局势，面对加速发展的世界新军事变革潮流，能否拥有一支可以打赢现代战争的强大人民军队，不仅关涉党的执政安全，更关涉民族兴衰。党的十八大报告以宽阔的世界视野、练达的军事智慧，科学谋划了加快推进国防和军队现代化的战略路线图：“坚持以推动国防和军队建设科学发展为主题，以加快转变战斗力生成模式为主线，全面加强军队革命化现代化正规化建设”，“紧跟世界新军事革命加速发展的潮流，积极稳妥进行国防和军队改革，推动中国特色军事变革深入发展”，“坚持走中国特色军民融合式发展路子，坚持富国和强军相统一”，等等。这一系列决策决定，回答和解决了一个战略利益不断拓展的国家，为何建设、怎样建设强大国防和现代化军队等重大战略课题。只要我们为民族“担干系、负责任”，以“时不我待、只争朝夕”的精神，全身心投入到军事改革发展的洪流中，国防和军队现代化建设必将迎来大跨越、大发展的新阶段，中华民族伟大复兴也必将获得更加坚强有力的安全保障。

“回首千寻抬望眼，新程万里驾长车。”合上描绘170多年来中华民族不懈奋斗的历史画卷，再次体会十八大描绘的宏伟蓝图，此时此刻，我们实现“中国梦”的信心比任何时候都更坚定。只要我们紧密团结在以习近平同志为总书记的党中央周围，两个“百年目标”一定能实现，中华民族伟大复兴的梦想一定能实现。

执笔：毕京京　林培雄　颜　旭

（2012年12月4日《光明日报》）

梦在前方　路在脚下

▲国防大学中国特色社会主义理论体系研究中心

习近平总书记在参观《复兴之路》展览时指出："实现中华民族伟大复兴，就是中华民族近代以来最伟大的梦想。"这一时代解读，既饱含着对近代以来中国历史的深刻洞悉，又彰显了全国各族人民的共同愿望和宏伟愿景，为党带领人民开创未来指明了前进方向。梦在前方，路在脚下。坚持走中国特色社会主义道路，就是我们的复兴之路、追梦之旅。我们要朝着"中国梦"曙光初绽的方向奋勇前进，开创祖国更为光明的复兴前景。

"中国梦"彰显中国风格中国气派

有人类生活的地方，就有梦想飞翔，梦想决定着人们奋发努力的方向。“中国梦”超越以个人成功为标准的“美国梦”，以个人成功与人们共同幸福为目标，凝结着中华民族的共同利益追求。早日实现“中国梦”，意义深远。

“中国梦”具有最大限度为实现国家富强、民族复兴、人民幸福而凝聚人心的伟力，无论面对多少挑战、多大困难，始终以中华民族深厚的文化积淀和历史智慧为底蕴，给人以希望、给人以信心、给人以力量。近代以来中华民族曾经饱受欺凌，山河破碎、民生凋敝，但“中国梦”在无数矢志于民族复兴的仁人志士心中从未泯灭过。梦想不灭，希望永在。“中国梦”是中华民族自强不息的不竭动力，牵引着中国砥砺前行的脚步。五四运动以来，会聚了中华民族先进分子的中国共产党，率先破解了“中国梦”的密码，找到了实现“中国梦”的路径，波澜壮阔的铸梦世纪工程大幕开启，中国特色社会主义事业接续推进，“中国梦”的动力之源全面激活，“风景这边独好”的“中国故事”精彩呈现，中国人民从未像今天这样离伟大的“中国梦”如此之近！

“中国梦”为探索人类文明多样化发展道路开辟了更加光明的前景。成就“中国梦”，既是实现民族复兴的伟大历程，也是中国人民开拓、坚持和发展中国特色社会主义发展道路的伟大历程。中国特色社会主义道路是人类文明发展进程中具有中国风格、中国气派的一条康庄大道，不同于其他国家的现代化道路，是中华民族的“人间正道”。近年来，中国既成功抵御国际金融危机冲击，又在推动世界经济摆脱危机、走出低谷中发挥了重要作用。事实证明，实现“中国梦”也是世界的重大“利好”。在我们实现“中国梦”的过程中，已经以与国际社会互利共赢和平发展的崭新实践，为人类社会向更高级的文明形式演进提供了新范式。

全面建成小康社会彰显“中国梦”的时代特征

“中国梦”的本质内涵是实现国家富强、民族复兴、人民幸福。当代中国所处的发展阶段，决定了全面建成小康社会是“中国梦”的根本要求，相应地，“中国梦”也呈现出这个阶段的诸多重要时代特征。

一是综合国力进一步跃升的“实力特征”。“中国梦”的第一要义，就是实现综合国力进一步跃升。如今，我国经济总量已跃居世界第二位，但人口多、底子薄、发展很不平衡的状况并未根本改变。党的十八大描绘了到2020年的宏伟目标：经济持续健康发展，国内生产总值和城乡居民人均收入比2010年翻一番，科技进步对经济增长的贡献率大幅上升，进入创新型国家行列，人民民主不断扩大，文化软实力显著增强。这一指标体系，构成了现阶段“中国梦”的基本图景。

二是社会和谐进一步提升的“幸福特征”。党领导全国各族人民共圆“中国梦”的根本目的，就是要实现好、维护好、发展好最广大人民的根本利益，进而提升全社会的幸福指数。提升幸福指数是个复杂的系统工程，既要考虑物质因素，又要考虑非物质因素，从根本上讲，就是要进一步提升社会和谐的水平。党的十八大着眼于提升人民的幸福指数，将“坚持维护社会公平正义”、“坚持走共同富裕道路”、“坚持促进社会和谐”纳入夺取中国特色社会主义新胜利的基本要求，将“保障和改善民生”作为社会建设的重点，等等。这些和谐因素的充实，对“中国梦”的阶段性特征做了更为清晰的描绘，也为“中国梦”增添了更加美丽的幸福光环。

三是中华文明在复兴中进一步演进的“文明特征”。中华文明是世界上唯一几千年不断延续、传承至今的文明，但要体现现代文明色彩，就必须超越数千年来创造的农耕文明形态。

党的十八大将中国特色社会主义总布局从经济、政治、文化、社会建设“四位一体”升华为包括生态文明建设的“五位一体”，标志着中华文明格局开启了向物质文明、政治文明、精神文明、社会文明和生态文明全面发展的更高阶段演进的新里程。坚定不移地推进“中国梦”的实现，中华文明必将放射出更加灿烂的光芒。

四是促进人全面发展的“价值特征”。《共产党宣言》指出，共产党人的最终目标是建立“每个人的自由发展是一切人的自由发展的条件”的“联合体”。“中国梦”具有多个维度，而其价值维度就是要实现人的全面发展。党的十八大明确把“促进人的全面发展”纳入中国特色社会主义道路的内涵之中，并且强调：“不断在实现发展成果由人民共享、促进人的全面发展上取得新成效。”这标志着中国特色社会主义把实现人的自由全面发展作为终极价值追求，必将极大提升“中国梦”的吸引力、凝聚力和感召力。

以攻坚克难的实际行动共圆“中国梦”

今天，我们已经取得了举世瞩目的伟大成就，党和人民正在以前所未有的道路自信、理论自信和制度自信，以“长风破浪会有时，直挂云帆济沧海”的豪情壮志，以团结奋斗、攻坚克难的实际行动，努力把“中国梦”变为现实。我们也要清醒地意识到：“看似寻常最奇崛，成如容易却艰辛。”尽管“中国梦”的曙光就在眼前，但要全面实现，仍须经历艰难漫长的追梦之旅。我们要把伟大的梦想变成美好的现实，必须进一步解放思想，改革开放，凝聚力量，攻坚克难，坚持立足新起点，不断创造新业绩。

一要勇于冲破陈旧观念的障碍。思想是行动的先导。思想能走多远，实践就能走多远。思想解放的每一次深入，都能带来实践进一步发展。为了实现“中国梦”，我们首先必须解放思想，冲破落后思想观念的障碍。当前，思想解放面临着双重历史任务，既要防止已见成效的东西固化为恒定不变的僵死模式，又要防止西方通过话语霸权输出渗透固化人们的思维方式。我们要遵循党的思想路线要求，勇于冲破束缚与禁锢人们头脑的落后思想观念与陈旧思维方式，以及各种不符合实际的主观偏见等等，坚定不移地从客观实际出发，从实践发展需要出发，大胆试验、大胆突破，不断把改革开放引向深入。

二要勇于突破利益固化的樊篱。中央领导同志最近强调，要“勇于突破利益固化的樊篱”，具有极强的现实针对性。在社会主义市场经济条件下，的确存在既得利益者不愿意让渡利益的问题。当前，能否突破利益固化的樊篱，已经成为执政党能否凝聚民心，带领人民群众攻坚克难、实现民族复兴的关键。全党同志特别是党员领导干部只有以“苟利国家生死以，岂因祸福避趋之”的担当精神，敢于涉险滩，通过深化改革调整利益关系，才能切实保证发展成果由人民共享，为实现“中国梦”扫清羁绊、打下基础。

三要勇于发扬真抓实干的作风。空谈误国，实干兴邦。如果空喊口号、不见行动，或者敷衍了事、马虎应付，“中国梦”就可能成为“空想”。我们只有克服浮躁情绪，抛弃私心杂念，不等不靠、迎难而上，全力以赴、积极主动地投入到党和人民的事业中去，把各项建设的目标、要求、责任、措施具体化，把每一项工作都往实里抓、往深里推、往细里做，“中国梦”才能最终实现；只有一步一步跟踪问效，确保各项建设的每一个过程和环节都精益求精，才能扎扎实实铸就精彩的“中国梦”；只有进一步健全发现问题、纠正错误和追究责任的长效机制，及时发现并坚决纠正种种形式主义、官僚主义、浮夸作风和不切实际的做法，才能从根本上保证各地区各部门树立真抓实干的作风，以优良党风促政风带民风，形成凝聚党心民心的强大力量，共圆我们的“中国梦”。

执笔：赵周贤　刘光明

（2013年1月4日《经济日报》）

奋力实现民族复兴的“中国梦”

▲国防大学中国特色社会主义理论体系研究中心

习近平同志指出：“实现中华民族伟大复兴，就是中华民族近代以来最伟大的梦想。”这是对“中国梦”时代命题的深刻解读，既充满着厚重的历史底蕴，又洋溢着豪迈的“中国自信”，为团结凝聚中国人民创造美好未来指明了前进方向。中国特色社会主义道路就是中国人民和中华民族追梦开拓的复兴之路，我们要在这条道路上不懈奋斗，不断开创更为光明的民族复兴前景。

全面建成小康社会决定性阶段的时代要求

“中国梦”就是要把我国建设成为富强民主文明和谐的社会主义现代化国家，实现中华民族伟大复兴。实现这样的梦想，需要长期不懈奋斗，需要分阶段推进。当前，我国已经进入全面建成小康社会的决定性阶段，实现“中国梦”相应地呈现出与这一阶段相适应的新要求。

从国家实力看，“中国梦”就是要实现综合国力的进一步增强。综合国力的强弱，反映着一个国家的发展水平，决定着它满足国民需求、解决国内问题的能力，也在根本上决定着其国际地位和作用。综合国力达到的高度，决定着国民梦想实现的程度。“中国梦”的第一要义，就是实现综合国力进一步增强。自2010年以来，我国的经济总量已跃居世界第二位，但人口多、底子薄、发展很不平衡的状况并未根本改观，经济科技仍将长期面临西方发达国家占优势的压力。在这样的形势下，党的十八大描绘了到2020年发展的目标：经济持续健康发展，国内生产总值和城乡居民人均收入比2010年翻一番，科技进步对经济增长的贡献率大幅上升，进入创新型国家行列，人民民主不断扩大，文化软实力显著增强，人民生活水平全面提高，资源节约型、环境友好型社会建设取得重大进展等。这些目标构成现阶段实现“中国梦”的基本要求。

从幸福指数看，“中国梦”就是要实现人民幸福感的进一步提升。幸福指数是幸福感的量化，是人们根据一定价值标准对自身生活状态所做的满意度方面的评价。我们党坚持全心全意为人民服务的根本宗旨，党领导人民实现“中国梦”的根本目的，就是实现好、维护好、发展好最广大人民根本利益，进而提升全社会的幸福指数。有研究认为：当收入水平比较低的时候，人们的幸福指数会随着收入增长而增长。人均GDP（国内生产总值）超过5000美元后，一些非物质因素对人们幸福感的影响就会越来越大，提升幸福指数必须综合考量、统筹兼顾。2011年，我国人均GDP达到5432美元，提升人民幸福指数成为更加复杂的系统工程。党的十八大着眼于提升人民的幸福指数，在强调2020年城乡居民人均收入比2010年翻一番的同时，将“坚持维护社会公平正义”、“坚持走共同富裕道路”、“坚持促进社会和谐”纳入夺取中国特色社会主义新胜利的基本要求，将“保障和改善民生”作为社会建设的重点，等等。这给“中国梦”涂上了浓重的幸福底色。

从文明形态看，“中国梦”就是要实现中华文明的进一步演进。中华文明是世界上唯一几千年连续不断、传承至今的文明，为人类文明发展做出了巨大贡献。但中华文明曾经长期处于封建时代，其主要形态是农耕文明。党领导人民在实现“中国梦”的征程中，从根本上跨越农耕文明形态，实现了中华文明质的飞跃。当前，我国已经进入工业化中期阶段，初步完成农耕文明向工业文明的过渡。党的十八大强调：“坚持走中国特色新型工业化、信息化、城镇化、农业现代化道路，推动信息化和工业化深度融合、工业化和城镇化良性互动、城镇化和农业现代化相互协调，促进工业化、信息化、城镇化、农业现代化同步发展。”同时，党的十八大将中国特色社会主义总体布局从经济、政治、文化、社会建设“四位一体”发展为包括生态文明建设的“五位一体”，这标志着中华文明格局涵盖了物质文明、政治文明、精神文明、社会文明和生态文明。坚定不移实现这样的“中国梦”，中华文明必将放射出更加灿烂的光芒。

从价值追求看，“中国梦”就是要实现每个人的全面发展。“中国梦”具有多个维度。实现“中国梦”，不是增强国家实力的单项推进，而是国家、民族、社会、个人的多维发展。马克思恩格斯在《共产党宣言》中指出，共产党人的最终目标是建立“每个人的自由发展是一切人的自由发展的条件”的“联合体”。马克思在《资本论》中进一步指出，未来新社会是“以每个人的全面而自由的发展为基本原则的社会形式”。在实现“中国梦”的实践中，中国共产党认真吸取社会主义建设正反两方面的经验，坚持立党为公，执政为民，坚持以人为本，尊重人民主体地位，不断促进人的全面发展。党的十八大明确把“促进人的全面发展”纳入中国特色社会主义道路的内涵，并强调“不断在实现发展成果由人民共享、促进人的全面发展上取得新成效”。这标志着中国特色社会主义把实现人的全面发展作为终极价值追求，必将极大提高“中国梦”的吸引力、凝聚力和感召力。

以求真务实的精神和作风推进民族复兴

今天，我们已经取得举世瞩目的伟大成就，党和人民具有前所未有的道路自信、理论自信和制度自信。但也要看到，实现“中国梦”还需要付出艰苦努力。习近平同志强调：“空谈误国，实干兴邦。”我们要把“中国梦”变成现实，必须大力弘扬求真务实的精神和作风，继续埋头苦干、顽强拼搏。

从社会主义初级阶段的实际出发推进民族复兴。坚持一切从实际出发，是求真务实的题中之意。坚持求真务实的科学精神和作风，第一位的就是要做到一切从实际出发。党的十八大明确强调：“我国仍处于并将长期处于社会主义初级阶段的基本国情没有变，人民日益增长的物质文化需要同落后的社会生产之间的矛盾这一社会主要矛盾没有变，我国是世界最大发展中国家的国际地位没有变。”这就要求我们牢牢把握社会主义初级阶段这个最大国情，把社会主义初级阶段这个最大实际作为根本出发点，深入实际，把本地区本单位本部门的基本情况弄清，把中央和上级指示要求弄清，把人民群众的新期待弄清，把改革发展的利弊条件弄清，真正做到贯彻指示联系实际、学习借鉴结合实际、利用优势紧贴实际，防止制定一些超越实际能力的高指标、唱一些脱离实际的高调。充分考虑各方面的差异和不同情况，因地制宜、因时制宜，采取灵活的方法策略，防止搞“一刀切”、“一锅煮”。在那些具有一定基础和优势的项目上狠下功夫，力争率先取得突破，同时对那些尚不具备成熟条件的工作，要分阶段分步骤地积极创造条件、积蓄力量。

遵循中国特色社会主义建设规律推进民族复兴。求真务实包含着探索和遵循客观规律的基本含义和内在要求。坚持求真务实的科学精神和作风，必须积极探求中国特色社会主义建设的客观规律，自觉尊重客观规律。党的十八大对中国特色社会主义的内涵做出了深刻阐述，对夺取中国特色社会主义新胜利的基本要求作出了准确概括，对全面建成小康社会做出了战略部署，充分体现了我们党对中国特色社会主义建设规律的新认识。按照这些规律治国理政，梦想实现的效率就能最优化，梦想实现的成果就能最大化。中国特色社会主义建设规律不仅包括一般规律，也包括具体规律。应在掌握一般规律的基础上，注重探索和把握特殊规律，进行“去粗取精、去伪存真、由此及彼、由表及里”的分析比较，找到深层次的根本规律，防止被错综复杂的表面现象所迷惑。只要我们按照客观规律扎实推进改革发展，就一定能够取得实际成效。

发扬真抓实干的作风推进民族复兴。实现梦想，贵在实干。如果空喊口号、不见行动，或者敷衍了事、马虎应付，“中国梦”就会永远飘在空中。坚持求真务实的科学精神和作风，就要克服形式主义和官僚主义，克服浮躁蛮干倾向，迎难而上、真抓实干，积极主动地投入到中国特色社会主义建设事业中去。应把各项建设的目标、要求、责任、措施具体化，把每一项工作都往实里抓、往深里推、往细里做。把事业发展的情况纳入干部政绩评价和考核体系，使真抓实干、取得实绩的干部得到褒奖和重用，使弄虚作假、掩盖矛盾的干部得到批评和惩戒，通过正确的用人导向促使党员领导干部真正转变作风。进一步健全发现问题、纠正错误和追究责任的机制，及时发现并坚决纠正种种漂浮之风和不实做法，从制度机制上保证把真抓实干的作风牢牢树起来。

执笔：林培雄　刘光明

（2012年12月12日《人民日报》）

用“关键一招”实现“中国梦”

▲广东省中国特色社会主义理论体系研究中心

“改革开放是决定当代中国命运的关键一招，也是决定实现‘两个100年’奋斗目标、实现中华民族伟大复兴的关键一招。”习近平总书记近期在广东考察时的重要讲话，吹响了进一步深化改革开放的新号角。掷地有声、发人深省的话语，给人力量，催人奋进。全党全国人民唯有坚持改革开放，靠改革开放攻坚克难，才能奋力开拓中国特色社会主义伟大事业的新境界，实现我们的“中国梦”。

改革开放是活力之源

——改革开放创造了年均GDP增幅10%左右的“高增长、低通胀”经济奇迹，也使我们与实现“中国梦”的距离越来越近

中国的改革在危机和忧患中起步、发展，中国的开放在质疑和挑战中突围、创造。30多年前，中国共产党人带领全国人民开启了改革开放的新时代。从探索改变僵化的计划经济体制，到确立建立社会主义市场经济体制的目标；从支持建立经济特区发挥改革开放“试验田”作用，到形成全方位多层次宽领域的对外开放格局，改革开放极大地激发了经济社会发展的活力，推动国民经济驶上了一条高速、健康成长的轨道，创造了年均GDP增幅10%左右的“高增长、低通胀”经济奇迹，也使我们与实现“中国梦”的距离越来越近。

实践证明，改革开放是我们党的历史上一次伟大觉醒，正是这个伟大觉醒孕育了新时期从理论到实践的伟大创造。改革开放是当代中国发展进步的活力之源，是坚持和发展中国特色社会主义的必由之路。当前和今后一个时期，实现中华民族伟大复兴的“中国梦”，仍不可避免地遇到这样那样的挑战，坚持改革开放是战胜挑战、大踏步赶上时代前进步伐的重要法宝。特别是今天，我国转变经济发展方式进入关键时期，发展仍面临不少风险和挑战，

不平衡、不协调、不可持续问题依然突出。解决这些问题，促进经济持续健康发展，迫切需要继续通过改革开放为我们提供动力来源。不积跬步无以至千里，不积小流无以成江海，依靠改革开放源源不断释放的“红利”，必将为实现中华民族伟大复兴提供不竭动力。

尊重人民群众首创精神

——各级领导都不能把自己当成“主角”，把群众当成“看客”，而应把群众广泛吸引到改革这个历史大舞台上来

为实现中华民族伟大复兴的梦想，党的十八大勾画了全面建成小康社会、加快推进社会主义现代化、夺取中国特色社会主义新胜利的宏伟蓝图，向全党全国人民发出了深化改革开放新的宣言书。当前，深入贯彻党的十八大精神，必须坚定不移地走改革开放强国之路，不断解放和发展生产力，释放蕴藏在亿万人民之中的活力和创造力。

坚定不移地走改革开放强国之路，必须坚定信心、凝聚共识，以更大的政治勇气和智慧不失时机深化重要领域改革。深层次的改革、深水区的改革牵一发而动全身，必须更加注重改革的系统性、整体性、协同性，统筹协调，全面推进。要敢啃硬骨头，敢涉急流险滩，要有逢山开路、遇河架桥的精神。

坚定不移地走改革开放强国之路，必须坚持以改革促

发展、以开放赢空间，加快形成新的经济发展方式，努力建设美丽中国。要通过切实深化改革、着力推进开放，不断推出改革新举措，加快破除经济、政治、社会、文化和生态等领域的体制机制性障碍，推动经济社会发展质量和人民生活水平不断迈上新台阶。

坚定不移地走改革开放强国之路，必须重视顶层设计，尊重人民群众首创精神。改革是亿万群众自己的事业，改革开放中的许多东西，都是由群众在实践中提出来的。同改革初期相比，今天的改革具有不少新的特点，问题更复杂，利益矛盾更突出，对顶层设计的要求更急迫。但这绝不意味着可以把人民群众的主体作用淡忘了。各级领导都不能把自己当成“主角”，把群众当成“看客”，而应当通过各种方式，把群众广泛吸引到改革这个历史大舞台上来。在重大改革决策的制定过程中，应吸纳民众参与讨论，并注意把专家的见解和群众的创造结合起来，使改革方案具有更广泛的民意基础。

加快释放改革红利

——充分认识实现“中国梦”的内涵和目的，
使改革发展成果更多更公平惠及全体人民

我们党一以贯之地带领全国各族人民追求“中国梦”，说一千道一万，归结到一点就是为了最广大人民群众的幸福。

现在，我们在民生领域尚有诸多欠账，教育、就业、社会保障、医疗、住房、生态环境、食品药品安全、安全生产、社会治安、执法司法等关系群众切身利益的问题仍然较多。沿着中国特色社会主义道路用“关键一招”实现“中国梦”，就要按照党的十八大精神，充分认识实现“中国梦”的内涵和目的，加快释放改革红利，使改革发展成果更多更公平惠及全体人民，让城乡居民生活一天比一天好。

加快释放改革红利，使改革发展成果更多更公平惠及全体人民，最重要的在于坚持以人为本。坚持以人为本，就要把最大多数人的利益当作改革决策的出发点和落脚点。最大多数人利益首先体现在促进社会生产力的发展上。只有推动经济持续健康发展，才能筑牢国家繁荣富强、人民幸福安康、社会和谐稳定的物质基础。为此，必须坚持市场化的改革方向不动摇，更加尊重市场规律，更好发挥政府作用，加快转变经济发展方式，把推动发展的立足点转到提高质量和效益上来，着力激发各类市场主体发展新活力，着力增强创新驱动发展新动力，着力构建现代产业发展新体系，着力培育开放型经济发展新优势，使经济发展更多依靠内需特别是消费需求拉动，更多依靠现代服务业和战略性新兴产业带动，更多依靠科技进步、劳动者素质提高、管理创新驱动，更多依靠节约资源和循环经济推动，更多依靠城乡区域发展协调互动，不断增强长期发展后劲。

“中国梦”是民族的梦想，也是每一个人的梦想。实现梦想的征程尽管漫长，但中国共产党人牢记埋头苦干、顽强拼搏、实干兴邦，坚持把改革开放事业传承下去、发展下去，必能团结带领亿万人民，把我们伟大的祖国建成富强民主文明和谐的社会主义现代化国家，在中国特色社会主义道路上实现中华民族伟大复兴！

执笔：温宪元

（2013年1月10日《经济日报》）

实现"中国梦"的行动指南

▲四川省中国特色社会主义理论体系研究中心

党的十八大报告中指出，科学发展观是"指导党和国家全部工作的强大思想武器"，"必须把科学发展观贯彻到我国现代化建设全过程、体现到党的建设各方面"。这一重要论述，既总结了10年来的实践经验，也对我国未来发展提出了明确的价值取向和发展战略取向。

科学发展观顺应了人类社会发展规律

发展是人类社会永恒的主题。科学发展观汲取了古今中外社会发展的经验和教训，综合反映了当代世界发展新趋势，在发展目标、发展方法、发展类型、发展模式等方面实现了对传统发展观的超越，深化了对人类社会发展规律的认识。科学发展观要求全面发展，在把经济建设放在中心位置的同时，统筹城乡发展、统筹区域发展、统筹经济社会发展、统筹人与自然和谐发展、统筹国内发展和对外开放，推进社会发展、政治发展、文化发展和人的发展相协调，推进经济、政治、文化、社会、生态建设相协调，推进生产力和生产关系、经济基础和上层建筑相协调。

当今世界，传统的发展模式已难以应对全球化所造成的现实困境，也无法破解诸多发展难题，各国都在对传统发展思路和行为进行反思。作为一种理论创新，科学发展观主张可持续发展，即在发展经济的同时充分考虑环境、资源和生态的承受能力，实现自然资源的永续利用，实现人类与自然和谐共存，使发展既满足当代人的需要，又确保子孙后代的生存和发展。党的十八大报告强调："把生态文明建设放在突出地位，融入经济建设、政治建设、文化建设、社会建设各方面和全过程，努力建设美丽中国，实现中华民族永续发展。"这一重要论述，反映了中国共产党人紧跟时代发展步伐的新理念，体现了中央领导集体治国理政的新境界。

党的十八大报告强调："要和平不要战争，要发展不要贫穷，要合作不要对抗，推动建设持久和平、共同繁荣的和谐世界，是各国人民共同愿望。"这一重要论述，顺应时代潮流，反映了世界各国人民的愿望。随着经济全球化的深入推进，国与国之间的交流日益频繁，维护国家利益的最有效手段是对话与合作。科学发展观倡导和平发展，提倡在自力更生基础上，各国之间相互尊重、平等协商，加强合作、互利共赢。我国高举和平、发展、合作、共赢的旗帜，既努力争取和平的国际环境来发展自己，又以自己的发展来促进世界的和平与发展，积极推动建立公正合理的国际政治经济新秩序。

科学发展观顺应了中国特色社会主义建设实践的新要求

中国特色社会主义事业是一项前无古人的伟业，无经验可循，无捷径可走。科学发展观的提出，使中国特色社会主义道路越走越宽广。

科学发展观紧紧抓住了当代中国的主题。“发展是解决中国一切问题的总‘钥匙’”。基于我国社会主义初级阶段基本国情，基于人民群众过上美好生活的深切愿望，基于巩固和发展社会主义制度的需要，基于巩固党的执政基础、履行党的执政使命的要求，改革开放30多年来特别是近10年来，我国一直坚持以发展为主题，用发展的眼光、发展的思路、发展的办法解决前进中的问题，取得了举世瞩目的成就，使我们党的执政基础不断巩固，抵御各种困难、风险和挑战的能力不断加强，在激烈的国际竞争中赢得了机遇、取得了主动。

科学发展观突出了人民在中国特色社会主义事业中的主体地位。“以人为本”是科学发展观的核心理念。中国特色社会主义事业必须坚持人民群众的主体地位，尊重人民群众的首创精神，发挥人民群众的积极性、主动性、创造性，坚持从人民群众的根本利益出发，不断满足人民群众日益增长的物质文化需要，不断实现最广大人民群众的根本利益。只有切实保障人民依法享有各项权利，满足人民的发展愿望和多样性需求，关心人的价值、权益和自由，关注人民的生活质量，才能促进人的全面发展。

科学发展观坚持了全面协调可持续的基本要求。科学发展观注重发展的全面性、整体性，要求不仅经济要发展，而且各个方面都要发展；科学发展观突出协调性，要求发展的各个方面、各个环节都要注重协调和均衡，并相互适应，相互促进；科学发展观注重发展的可持续性，强调不仅要实现当前的发展，还要保证长远发展。在科学发展观的指导下，我们在发展中注重正确处理经济与社会发展、城市与农村发展、东中西部发展、人与自然发展、国内发展和对外开放、改革发展稳定等现代化建设中的一系列重大关系，统筹安排和处理好消费与投资、供给与需求、发展的速度和结构质量效益、科技进步与人力资源优势的充分发挥、市场机制与宏观调控等经济发展的重大问题，坚持把社会主义物质文明、政治文明、精神文明、和谐社会建设以及生态文明建设放在同等重要的位置来抓，较好地化解了各种制约我国发展的因素，顺利推动了我国的发展，确保了我国发展战略目标的如期实现。

科学发展观充分运用了统筹兼顾的根本方法。坚持从党和国家全局出发，正确认识和妥善处理现代化建设中的重大关系，是科学发展观的根本方法。党的十六大强调统筹城乡发展、统筹区域发展、统筹经济社会发展、统筹人与自然和谐发展、统筹国内发展和对外开放，使各方面的发展相适应相协调。党的十七大则进一步提出统筹中央和地方关系，统筹个人利益和集体利益、局部利益和整体利益、当前利益和长远利益，统筹各级各类两个大局，从而把各方面的积极性都充分发挥了出来，使中国特色社会主义事业积极稳妥地向前推进。

把科学发展观作为引领中华民族伟大复兴的行动纲领

党的十八大报告强调："科学发展观是中国特色社会主义理论体系最新成果，是中国共产党集体智慧的结晶，是指导党和国家全部工作的强大思想武器。"我们要认真领会这一论述的深刻内涵，把思想和行动统一到科学发展观上来，把中国特色社会主义伟大事业推向前进，切实担当起实现中华民族伟大复兴的历史重任。

以高度的政治自觉贯彻落实科学发展观。科学发展观作为我们党长期坚持的重要指导思想，广大党员干部必须将其作为战略思想来学习，作为政治信仰来坚守，作为行为准则来把握，作为党性来衡量。当前，改革日益进入攻坚期和“深水区”，复杂性、艰巨性更大，更加需要坚持科学发展观。要从政治的高度、全局的高度、战略的高度，不断深化对科学发展观时代背景、实践基础、历史地位、指导意义和内涵特征的认识，不断增进对科学发展观的思想认同、政治认同、情感认同，自觉用科学发展观来谋划发展大计，指导工作实践，检验工作成效。

以科学发展观提升党的执政能力。用科学发展观指导实践的过程，就是各级领导干部不断改进领导方法、提高执政能力的过程。广大党员干部尤其是领导干部要坚持用科学发展观统领本地区本部门的发展，研究解决人民最关心、最直接、最现实的利益问题，使执政举措符合客观规律、符合人民的愿望；要牢固树立正确的政绩观，激励和督促广大干部为人民群众的幸福生活和美好未来创造扎扎实实的政绩；要以务实的工作作风抓好各项工作落实，抢抓机遇，加快发展，出实招、办实事、求实效，努力在推动科学发展上取得新进展，打开新局面。

以科学发展观统领发展全局。坚持科学发展观最终要落实到行动上，落实到经济、政治、文化、社会、生态文明建设“五位一体”上，将科学发展观的战略思想转化为中华民族伟大复兴的实践。把科学发展观的要求转化为谋划发展的正确思路，转化为促进发展的政策措施，做到符合科学发展观的事情就全力以赴地去做、不符合科学发展观的事情就毫不迟疑地去改。将科学发展观全面、协调、可持续发展的基本要求转化为统筹城乡发展、统筹区域发展、统筹经济社会发展、统筹人与自然和谐发展、统筹国内发展和对外开放的指导思想和实践要求，真正使这一根本指导方针在具体工作中落地，在推进中国特色社会主义伟大事业中开花结果。

执笔：赵明仁　郭　丹　刘福敏

（2013年1月22日《光明日报》）

伟大的“中国梦”

▲石仲泉

一个多月前，习近平同志参观《复兴之路》展览时讲话指出：“现在，大家都在讨论‘中国梦’，我以为，实现中华民族伟大复兴，就是中华民族近代以来最伟大的梦想。”这个讲话道出了奋发图强的中国人的心声，对全世界的炎黄子孙是极大鼓舞。

实现中华民族伟大复兴的目标参照

“中国梦”既然是实现中华民族伟大复兴，那么实现中华民族伟大复兴是什么内涵，它的具体目标是什么？这首先需要明确。尽管有关部门还没有规划蓝图，但有两个重要参照系可以帮助我们了解这个美好愿景。

一是两个百年的发展战略。即中国共产党成立100年时全面建成小康社会，新中国成立100年时建成富强民主文明和谐的社会主义现代化国家。第一个百年发展战略，党的十八大报告做了专章阐释。第二个百年发展战略，此前党的领导人讲话也有说明。那就是赶上中等发达国家水平，基本实现社会主义现代化。此后的奋斗目标是什么？联系到毛泽东在1962年讲的“要赶上和超过世界上最先进的资本主义国家，没有100多年时间我看是不行的”设想，联系到邓小平在制定三步发展战略时讲的到21世纪中叶接近世界发达国家水平的构想，不难得出结论，在21世纪中叶赶上中等发达国家之后，应当是接近、赶上和超过世界最发达的国家。显然，这是一个更长远的目标。

二是中华民族在历史上的兴盛状况。中华民族是个有着5000年文明历史的伟大民族。早自秦汉就进入盛世。作为其载体的古代中国曾以世界上头号富强大国“独领风骚”达1500年之久。古代中国的盛世有两个重要标志：

一为疆域版图特别辽阔。从汉武帝始，疆域版图就已经很辽阔了。唐朝的盛世疆域版图达1000多万平方公里。元世祖忽必烈开辟的元帝国，其疆域版图逾越汉唐，达到古代中国的最大值，面积约为1500多万平方公里。清康熙年间设立台湾府，使古代中国疆域版图的最后定格为1300多万平方公里，包括台湾和南海诸岛。清帝国中央政府对各地的管辖权和控制力达到了封建社会的最大值。

二为对世界文明的贡献特别巨大。16世纪以前，影响人类生活的重大科技发明约有300项，其中175项是中国人的发明。正是这些重大的发明（包括发现），使中国的农耕、纺织、冶金、手工制造技术长期处于世界先进水平。直到18世纪末期，中国的经济规模仍然是世界上最大的，相当于刚刚过去的20世纪末期美国经济总量在世界经济总量上的比重；且对外贸易长期出超，当时西方国家中最富强的英国销往中国的商品总值，尚不足以抵消中国卖给英国的茶叶一项；全世界50万以上人口的大城市当时共有10个，中国就占了6个。

而当世界进入工业文明之后，资本帝国主义的入侵使这个已内腐的庞然大物轰然坍塌。这个曾在世界上独占鳌头、傲视诸“夷”的“天朝上国”，迅即成为由多个帝国主义列强瓜分的积弱积贫的半殖民地半封建国家。仅仅五六十年间，几乎所有西方和东方列强通过侵略战争，签订了数百个不平等条约，对中国进行疯狂掠夺。中华民族濒临亡国灭种边缘。正是这种苦难中国的历史背景，呼唤着中国共产党诞生。她接过先进中国人“击鼓传花”的接力棒，经过90多年艰苦卓绝的不懈奋斗，终于探索出中国特色社会主义道路，使实现中华民族伟大复兴呈现出灿烂前景。

实现中华民族伟大复兴的科学含义

我们讲实现中华民族伟大复兴，什么是实现中华民族伟大复兴的科学含义呢？在我看来：

第一，实现中华民族伟大复兴，一般地说，不是要恢复古代中国鼎盛时期的疆域版图。历史过去几百年，疆域沿革变化很大。我国遵守通行的国际法律法规，不可能去改变现在各国的疆域。邓小平与戈尔巴乔夫谈到近代中国自鸦片战争后遭受十几个列强侵略奴役的情况，历数了从中国得利最大的日本和沙俄侵略中国的历史。然后，他说，讲清历史问题对解决遗留问题有好处。但是，“历史账讲了，这些问题一风吹”，“结束过去，开辟未来”。邓小平的这个胸怀是正确对待历史的科学态度。实现中华民族伟大复兴，绝不是恢复过去的疆域版图。我们党和国家的领导人多次重申，中国永远不称霸，不侵略别国。因此，那种对我们国家讲实现中华民族伟大复兴就散布“中国威胁论”的言论是没有根据的。

第二，我们讲的实现中华民族伟大复兴，是要使中华民族跻身于先进民族行列，为人类做出贡献的份额尽量扩大。比如科技水平，当代中国科技的总体水平与当代世界发达国家科技的总体水平相比落后许多，因而对人类贡献的份额比起古代中国来小了许多。实现中华民族的伟大复兴，就是要对人类的贡献占很大份额。毛泽东在20世纪说：6亿人口的国家，在地球上只有一个，就是我们。过去人家看我们不起是有理由的。因为你没有什么贡献。我们这个国家要建设起来，完全改变过去100多年落后的那种状况，赶上世界上最强大的资本主义国家。你赶不上，那你就不那么十分伟大。经过许多年，应该赶过人家，这是一种责任。“如果不是这样，那我们中华民族就对不起全世界各民族，我们对人类的贡献就不大”，“中国应当对于人类有较大的贡献”。我国现在的人口翻了一番多，对人类的贡献要更大，任务就更加艰巨。这就是说，我们所讲的实现中华民族的伟大复兴，主要是在对人类文明贡献率的意义上讲的，这是它的要义。当然，要像古代中国盛世那样达到一半以上，也不一定现实。但与我国人口占世界人口的比率大体相当，乃至超过一些，还是有可能的。既然如此，实现中华民族伟大复兴，就不仅仅是复兴历史盛世，更重要的，或者准确地说，是超越历史盛世。

一个需要长期艰苦奋斗的历史过程

实现中华民族伟大复兴，既有着辉煌灿烂的前景，也是我们党矢志不渝的奋斗目标，但这又是一个长期艰苦奋斗的历史过程。

按照党和国家目前的规划，到21世纪中叶，基本实现现代化后，尽管赶上和达到中等发达国家水平，但与世界上最发达的国家相比还有不小的差距。根据有关方面计算，目前我国的人均国内生产总值只相当于日本的10%。半个世纪后，我国的经济总量即使超过了最发达国家，但如果用十几亿人口一除，讲人均指标，其差距还很大。换言之，对人类文明的贡献率仍然有限。因此，实现中华民族伟大复兴是一个长期的历史过程。邓小平指出，巩固和发展社会主义制度，还需要一个很长的历史阶段，需要我们几代人、十几代人，甚至几十代人坚持不懈的努力奋斗。实现中华民族伟大复兴，应当是与巩固和发展社会主义制度同步的过程。这就是说，它是需要中华民族的子子孙孙，不断接力奋斗的更伟大的愚公移山工程。习近平同志指出，实现中华民族伟大复兴是一项光荣而艰巨的事业，需要一代又一代中国人共同为之努力。十八大报告说得好，只要我们胸怀理想、坚定信念，不动摇、不懈怠、不折腾，顽强奋斗、艰苦奋斗、不懈奋斗，就一定能在中国共产党成立100年时全面建成小康社会，就一定能在新中国成立100年时建成富强民主文明和谐的社会主义现代化国家。全党要坚定这样的道路自信、理论自信、制度自信！

中华民族伟大复兴的目标一定能够实现，伟大的“中国梦”一定能变成现实。

（2013年1月10日《光明日报》）

百年追梦与民族自强

▲李　捷

2012年11月29日，习近平总书记在参观《复兴之路》展览时指出："实现中华民族伟大复兴，就是中华民族近代以来最伟大的梦想。"

"中国梦"，深刻道出了中国近代以来历史发展的主题主线，深情描绘了近代以来中华民族生生不息、不断求索、不懈奋斗的历史。的确，从中华民族伟大复兴的波澜壮阔的历史看，没有任何一个梦想像"中国梦"那样打动人心、激励人心、凝聚人心，也没有任何一个梦想像"中国梦"那样成为一代又一代中华民族的优秀儿女为之牺牲、为之探索、为之奋斗的伟大追求。

“中国梦”记录着中华民族从饱受屈辱到赢得独立解放的非凡历史

实现中华民族伟大复兴的“中国梦”，是随着另一场梦的破碎产生的。长期以来，中华文明以其独有的特色和辉煌走在了世界文明发展的前列，为世界文明进步做出过巨大的贡献。然而，随着资本主义生产方式的兴起，随着近代工业革命脚步的加快，中国很快落伍了。故步自封的封建统治者仍然沉浸在往日的辉煌所造就的梦想之中，等待着“万国来仪”。不料，等来的却是西方列强的船坚炮利，等来的却是亡国灭顶之灾。

1840年爆发的中英第一次鸦片战争，不但打开了中国的国门，也打碎了“天朝之梦”。从此，中国逐步沦为半殖民地半封建社会。一系列的侵略战争接踵而至，一系列的不平等条约被迫签订，中华民族遭受的屈辱与苦难世所罕见。这证明了一个铁律：落后就会挨打，生存必须自强。

中华民族是一个伟大的民族，绝不会将自己的命运任人摆布，更不会面临亡国灭种的危险而无动于衷。在西方列强和帝国主义入侵下随之而兴的，是中华民族民族意识与民族精神的唤醒，是中华民族伟大复兴这一“中国梦”的提出。

中华民族犹如一头沉睡的雄狮。在唤醒中华民族萌发出“中国梦”的过程中，无数仁人志士屡踣屡起，不懈探索奋斗。他们曾经学习西方列强的船坚炮利，以实现富国强兵的梦想，换来的却是一次次惨痛的失败；他们曾经寄希望于封建君主的“维新新政”，以实现像日本明治维新那样的梦想，换来的却是封建统治者的无情镇压；他们曾经渴望通过资产阶级民主革命推翻封建帝制，以创建像西方那样的民主共和国，换来的依旧是四分五裂、战乱频仍、人民依然生活在水深火热之中的旧中国。正如毛泽东同志所指出的那样：“帝国主义的侵略打破了中国人学西方的迷梦。很奇怪，为什么先生老是侵略学生呢？中国人向西方学得很不少，但是行不通，理想总是不能实现。”“一切别的东西都试过了，都失败了。”“十月革命一声炮响，给我们送来了马克思列宁主义。”“就是这样，西方资产阶级的文明，资产阶级的民主主义，资产阶级共和国的方案，在中国人民的心目中，一齐破了产。资产阶级的民主主义让位给工人阶级领导的人民民主主义，资产阶级共和国让位给人民共和国。”

真正把中国人民和中华民族带上实现“中国梦”的人间正道的，是中国共产党人。中国共产党自1921年诞生之日起，就在华夏大地掀起了一场前所未有的彻底反帝反封建的民主革命。在这场前无古人的伟大革命中，中国共产党从蹒跚学步的幼年迅速成长起来，经历过一次又一次血与火的考验。从大革命失败的血雨腥风到井冈山的星火燎原，从第五次反“围剿”失败到经过万里长征后在抗日烽火中再起，从奋起反击国民党军的全面内战到五星红旗在天安门广场冉冉升起，正可谓“雄关漫道真如铁，而今迈步从头越”！

随着毛泽东主席在天安门城楼上庄严宣布：“中华人民共和国中央人民政府今天成立了！”“中国梦”演完了实现民族独立和人民解放悲壮的第一乐章，掀开了在中国共产党领导下为实现国家繁荣富强、人民共同富裕而奋斗的新篇章。中国人饱受屈辱、任人摆布的历史一去不复返，开始了自立于世界民族之林的新时代。

从1840年起，中华民族为实现“中国梦”，整整走过了109年，才迈出了赢得民族独立、人民解放的第一步。在这100余年的前80年间，中国人民始终在黑暗中探索。只有中国共产党的诞生和奋斗，才把中国从黑暗引向了光明。在整个中国革命中，中国共产党为了实现“中国梦”牺牲了数百万优秀党员，中华民族牺牲了上千万英雄儿女，英烈们的鲜血染红了五星红旗。对于这段历史、对于为这段历史而献身的先烈，我们要永远铭记。

“中国梦”承载着为开创中国特色社会主义道路艰辛探索的伟大历程

新中国成立伊始，毛泽东同志等老一辈革命家就带领中国共产党和全国各族人民，为建设一个繁荣昌盛、人民当家做主的社会主义现代化国家而奋斗。

我们建立起具有中国自己特点、适合中国国情的社会主义根本制度。首先建立起来的，是以工人阶级为领导、工农联盟为基础、最广泛的人民民主统一战线为纽带的人民民主专政的国体。这一国体的建立，使新中国有可能在对极少数敌对势力实行专政的同时，在人民内部实行最广泛的民主。在此基础上，逐步建立了人民代表大会这一根本政治制度和中国共产党领导的多党合作和政治协商制度、民族区域自治制度，以及以公有制为主体的社会主义经济制度。

我们白手起家，艰苦奋斗，在一穷二白的基础上，经过20多年的不懈努力，建设起一个独立的比较完整的工业体系和国民经济体系，以“两弹一星”为标志在国防和高科技领域中取得了重要突破，农业现代化、工业现代化、国防现代化、科学技术现代化全面推进。

总之，新中国建立后的20多年间，在中国共产党的领导下，走过了许多国家需要上百年时间走完的路程，在中国近代以来的历史上出现了少有的和平建设局面，中国人民正信心百倍地朝着“中国梦”的目标前进。

然而，探索的道路并不平坦。在一个经济文化落后的东方大国实行彻底的民主革命并取得胜利固然不易，在这样的大国穷国中建设社会主义现代化国家更是一件前无古人的伟业。实现伟大的梦想，想要一帆风顺，没有牺牲，不付出代价，是难以想象的。“大跃进”和“文化大革命”的发生，就是这样的沉痛教训。

同历次犯错误一样，从失误中警醒，并以对人民、对历史高度负责的态度彻底纠正错误的，不是别人，正是中国共产党自身。党的十一届三中全会以来，邓小平同志一面坚持和发展毛泽东思想，实事求是地纠正毛泽东晚年所犯错误，实事求是地充分肯定毛泽东同志的历史地位和伟大功绩，一面应对新问题、解决新问题，开创了改革开放和中国特色社会主义事业。改革开放极大地改变了中国的面貌，在华夏大地再一次掀起了一场前所未有的深刻革命，极大地解放和发展了社会生产力，创造出令世人惊叹的中国奇迹。

30年前，邓小平同志在党的十二大开幕词中郑重指出：“照抄照搬别国经验、别国模式，从来不能得到成功。这方面我们有过不少教训。把马克思主义的普遍真理同我国的具体实际结合起来，走自己的道路，建设有中国特色的社会主义，这就是我们总结长期历史经验得出的基本结论。”没有党在社会主义建设中取得的独创性理论成果和巨大成就，为新的历史时期开创中国特色社会主义提供的宝贵经验、理论准备、物质基础，不可能形成这样的结论。没有过去的沉痛教训，也不可能得出如此深刻的结论。从此，“中国特色社会主义”清晰地写在中国共产党的旗帜上，成为一次又一次党的全国代表大会的主题，成为一代又一代中国共产党人为实现“中国梦”而进行一以贯之的接力探索、接力奋斗的伟大事业。

我们建立和完善了社会主义市场经济，极大地解放和发展了社会生产力，形成公有制为主体、多种所有制经济共同发展的基本经济制度新格局。经济总量跃居世界第二位，人民生活水平实现从温饱到总体小康的历史性跨越。

中国特色社会主义建设，随着道路的拓展、理论的创新不断向前发展，总体布局从经济建设、政治建设、文化建设三位一体发展为四位一体，又发展为经济、政治、文化、社会、生态文明建设五位一体。中国特色社会主义道路越走越宽广。

改革开放伟大实践，不但推动了中国特色社会主义道路、理论体系的拓展和发展，而且有力地推动了中国特色社会主义制度的确立和不断完善。在经济、政治、文化、社会体制改革的推动下，人民代表大会根本政治制度的优越性及其在国家政治生活中的作用日益彰显，中国共产党领导的多党合作和政治协商制度、民族区域自治制度不断完善，并且逐步探索形成了基层群众自治制度和社会主义协商民主制度，中国特色社会主义法律体系得以形成并继续完善。

改革开放新时期全部成就归结到一点，就是开辟中国特色社会主义道路，形成中国特色社会主义理论体系，确立中国特色社会主义制度。它们“三位一体”，分别以实现途径、行动指南、根本保障共同支撑着中国特色社会主义伟大实践，形成了最鲜明的中国特色、中国经验。有了道路、理论、制度支撑的“中国梦”距离我们不再遥远，它是必定实现的美好未来。

“中国梦”展现中国特色社会主义前程似锦

从新中国成立之日起，我们正在为实现“中国梦”经历着第二个100年。在这第二个100年，我们经历过近30年的建设、探索与曲折，以党的十一届三中全会为起点，走上了中国特色社会主义康庄大道。在我们的前面，还有36年的新征程，将要达到两个100年的奋斗目标，即在中国共产党成立100年时全面建成小康社会，在新中国成立100年时建成富强民主文明和谐的社会主义现代化国家。

站在改革开放30多年为我们创造的新的历史起点上，回顾过去，展望未来，正如习近平同志所说：“我们比历史上任何时期都更接近中华民族伟大复兴的目标，比历史上任何时期都更有信心、有能力实现这个目标。”

这是一个什么样的历史新起点呢？一方面，经过30多年的积累，改革发展成就巨大。经济社会发展基本面长期趋好，国内市场潜力巨大，社会生产力基础雄厚，科技创新能力增强，人力资源丰富，生产要素综合优势明显，社会主义市场经济体制机制不断完善。另一方面，改革发展的任务艰巨。不平衡、不协调、不可持续问题依然突出，经济增长下行压力和产能相对过剩的矛盾有所加剧，企业生产经营成本上升和创新能力不足的问题并存，金融领域存在潜在风险，经济发展和资源环境的矛盾仍然突出，收入分配差距拉大的问题引人关注。

种种迹象表明，实现“中国梦”，现在到了一个关节点上。义无反顾，迎难而上，奋力拼搏，展现在未来的是一片新前景、新天地；畏首畏尾，迟疑不决，坐失良机，带来的将是千古遗憾。以全心全意为人民服务为唯一宗旨的中国共产党人，以中华民族伟大复兴为己任的中国共产党人，唯一的选择就是胸怀理想、坚定信念，不动摇、不懈怠、不折腾，顽强奋斗、艰苦奋斗、不懈奋斗。

党的十八大最重要的历史性贡献，就是提出了凝聚党心、体现民意的行动纲领，推举出带领全国各族人民继续前进的新一届中央领导集体。这个行动纲领概括起来，就是要以马克思列宁主义、毛泽东思想、邓小平理论、“三个代表”重要思想、科学发展观为指导思想，坚定不移地坚持中国特色社会主义道路、理论体系、制度，为全面建成小康社会而奋斗。为此，必须做到夺取中国特色社会主义新胜利的八项基本要求。

必须坚持人民主体地位，必须坚持解放和发展社会生产力，必须坚持推进改革开放。这是根据中国共产党全心全意为人民服务的宗旨，根据中国共产党必须始终做到“三个代表”，根据改革开放是发展中国、发展中国特色社会主义的必由之路提出来的。必须坚持维护社会公平正义，必须坚持走共同富裕道路，必须坚持促进社会和谐。这是根据邓小平同志所深刻阐述的社会主义本质提出来的，也是当前经济社会发展的最大人民关切，关系到中国共产党的长期执政，关系到社会主义国家的长治久安，关系到最广大人民群众的根本利益和安康幸福。如同习近平同志所说，“人民对美好生活的向往，就是我们的奋斗目标。”必须坚持和平发展，必须坚持党的领导。这是实现“中国梦”不可或缺的外部条件和根本保障。没有一个和平安宁的国际环境，难以实现国泰民安。没有一个强有力的马克思主义执政党的坚强领导，一盘散沙，也会一事无成。可以说，八项基本要求，体现了社会主义本质特征，体现了中国共产党的性质宗旨，体现了社会主义建设规律、执政党建设规律和人类社会发展规律，更体现了中国人民的共同心声。坚定不移坚持着八项基本要求，“中国梦”一定可以美梦成真。

历史一次又一次地证明了一个朴素的真理：实干兴邦，空谈误国。就任伊始，以习近平为总书记的新一届党中央，不负历史和人民重托，以一系列的果敢举措，以一系列表率行动，在中国政坛上带来一阵阵清风。

“打铁还需自身硬”；“人民对美好生活的向往，就是我们的奋斗目标”；“一个实际行动胜过一打纲领”；“改革开放只有进行时没有完成时”。这一系列铿锵有力的话语，向全中国、全世界展现了忠诚祖国、造福人民、锐意改革、攻坚克难、求真务实、清正廉洁的新形象。

“长风破浪会有时”。中华民族从来没有像今天这样扬眉吐气，也从来没有像今天这样对更加美好的明天充满自信。我们不但找到了一条康庄大道，而且有可以信赖的主心骨和引路人。而最可珍贵的就是，改革开放伟大成就，中国道路的成功实践，为中华民族找回了曾经一度缺失的道路自信、理论自信、制度自信。这是弥足珍贵的民族自信！

“中国梦”一定要实现。“中国梦”一定能够实现！

（2013年1月4日《光明日报》）

为了伟大的“中国梦”

▲王幸生

“我欲因之梦寥廓”，“心中海岳梦中飞”……梦想，一个多么美丽、多么令人神往的字眼！习近平总书记在参观《复兴之路》大型展览时，饱含深情而又意味深长地谈到了“中国梦”。他说，实现中华民族的伟大复兴，就是中华民族近代以来最伟大的梦想。他用三句人们耳熟能详的诗词名句概括了中国的昨天、今天和明天。听后令人激动不已，浮想联翩。

一

1840年鸦片战争后，由于帝国主义列强的入侵和末世封建王朝的腐败，有着五千年文明史的中华民族到了最危险的时刻。神州陆沉，山河破碎，人民水深火热。然而，在沉沉的暗夜里、在厚厚的冻土下，一粒梦的种子也在深深地植根、悄悄地萌发，这就是民族复兴之梦。

从太平天国到义和团，从洋务运动到戊戌变法，为了拯救多难的祖国，万千劳苦大众奋起抗争，众多仁人志士上下求索，进行过各种试验，却都以失败告终。辛亥革命结束了几千年的封建帝制，打开了中国社会进步的闸门，但胜利果实很快被封建余孽和野心家篡夺了，中国继续在战乱和贫困中沉沦。“长夜难明赤县天”，“风雨如磐黯故园”。只有在工人阶级登上历史舞台，在中国共产党人把马克思主义作为观察国家命运的武器之后，古老的神州大地才露出了熹微的曙光。

然而，如何把马克思主义与中国的实际结合起来，找到一条正确的革命道路，依然是一个曲折的探索过程。从第一次国内革命战争到土地革命战争时期，照抄照搬别国经验的教条主义，曾给革命造成重大损失。以毛泽东为主要代表的一批富有远见卓识和创造精神的共产党人，从一开始就同教条主义进行了坚决的斗争，致力于探索一条适合中国国情的革命道路。在星火初燃、旌旗漫卷的井冈山，在八角楼熠熠的灯光下，毛泽东写下了《中国的红色政权为什么能够存在？》、《星星之火，可以燎原》等一篇篇雄文，初步提出了农村包围城市的革命方略。到党的七大，我们党终于把毛泽东思想写在了自己的旗帜上。毛泽东思想的形成和确立，实现了马克思主义中国化的第一次历史性飞跃，使我们在经历千辛万苦、走过万水千山之后，终于找到了一条中国革命的正确道路。在毛泽东思想的指引下，经过艰苦卓绝的抗日战争和天翻地覆的解放战争，中国人民终于推翻了三座大山，成为了自己国家的主人。

“雄关漫道真如铁”。回望昨天，中华民族的“寻梦之旅”是这样的曲折而漫长！这是一部饱含血泪的历史，也是一部苦难辉煌的历史。正如习近平总书记所指出的，近代以后，中华民族遭受的苦难之重、付出的牺牲之大，在世界历史上都是罕见的。多难兴邦。正是在深重的苦难中，中华民族以爱国主义为核心的民族精神迸发出璀璨的火花、放射出夺目的光辉。没有党的领导，没有科学理论的指引，我们就不可能跨过“如铁”的“雄关”，走出“如磐”的“夜色”。落后就要挨打，这一沉痛的教训我们一定要牢牢铭记。

二

新中国成立后，我们党领导人民成功进行了社会主义改造。站起来了的中国人民焕发出前所未有的建设热情，新中国经济社会建设取得了旧中国从未有过的成就。以毛泽东为代表的中国共产党人在探索社会主义建设规律中，提出了许多宝贵的思想，奠定了中国社会主义大厦的根基。然而，由于复杂的历史原因，从20世纪50年代后期始，“左”的思想开始抬头，“以阶级斗争为纲”愈演愈烈，直至发展到“文化大革命”这样的全局性错误，我国社会主义建设走了巨大弯路。但无论如何，改革开放前的30年，毕竟是我们党探索中国式社会主义道路的最初尝试，为新时期中国特色社会主义道路的开辟提供了重要启示和必需前提。

十一届三中全会前后，党和国家面对的是一种极为困难的局面。中国向何处去？这样一个严峻的问题又一次不容回避地摆在了党和人民的面前。经过改革开放头几年的冷静观察和思考，1982年9月1日，在党的十二大开幕词中，邓小平成竹在胸地指出：“把马克思主义的普遍真理同我国的具体实际结合起来，走自己的道路，建设有中国特色的社会主义，这就是我们总结长期历史经验得出的基本结论。”

“女娲炼石补天处，石破天惊逗秋雨”！正是这样一个命题，开启了一个崭新时代，开启了中华民族青春焕发的追梦年华。

中国特色社会主义形成和发展的进程，是一个坚持马克思主义实践第一的观点、尊重人民群众首创精神奋勇开拓的历史进程。社会主义不是在书斋里，而是在实践中。正是因为非常注重实践、尊重实践，尊重人民群众的历史主动精神和历史首创精神，中国的改革开放才像澎湃的春潮，从农村到城市、从沿海到内地、从经济建设领域到政治、文化、社会建设领域，直至生态文明建设领域全方位地铺开，中国特色社会主义才从一棵幼苗茁壮长成一棵参天大树，从“摸着石头过河”到走出一条康庄大道，越走越宽广。

中国特色社会主义形成和发展的进程，是一个坚持实践基础上的理论创新、不断推进马克思主义中国化时代化大众化并用以指导实践的历史进程。在开辟中国特色社会主义道路的历史进程中，我们党不仅勇于实践，而且特别注重推进实践基础上的理论创新。结合新的时代、新的实践发展毛泽东思想，形成了崭新的科学理论，实现了马克思主义中国化的第二次历史性飞跃，这就是中国特色社会主义理论体系。从邓小平理论到“三个代表”重要思想，再到科学发展观，我们党围绕什么是社会主义、怎样建设社会主义，建设什么样的党、怎样建设党，实现什么样的发展、怎样发展这三个密切相关的基本问题，形成了一系列紧密相连、相互贯通的新思想、新观点、新论断，不断深化对在中国这样一个落后的东方大国建设社会主义规律的认识，开辟了当代中国马克思主义的新境界。

中国特色社会主义形成和发展的进程，是一个不断地把实践中的成功经验和理论上的正确认识转化和定型为制度、不断进行制度创新和完善的历史进程。如果说实践开拓了中华民族的复兴之路，理论点燃了中华民族的复兴之光，制度则熔铸了它的规矩方圆。在开辟中国特色社会主义道路的历史进程中，我们党在重视实践开拓、理论创新的同时，高度重视制度建设，适时通过制度创新固化改革开放的成果，形成了初步定型、日臻完善的中国特色社会主义制度。这些制度既具有鲜明的中国特色，体现了科学社会主义的基本原理、基本原则，又借鉴和吸收了人类在长期的发展进程中，包括在资本主义条件下所形成的优秀的、有益的制度文明成果。因而，显示出巨大的优越性，焕发出旺盛的生命力。

“人间正道是沧桑”。喜看今天，一条洒满阳光的复兴之路已经展现在我们的面前！正如习总书记指出的，我们终于找到了一条实现中华民族伟大复兴的正确道路，取得了举世瞩目的成果，这条道路就是中国特色社会主义。道路决定命运。对于这样一条历经千辛万苦才找到的、筚路蓝缕才开辟出来的“人间正道”，我们必须倍加珍惜、始终坚持、不断发展。

三

经过鸦片战争以来170多年的上下求索，经过中国共产党成立90多年来的接续奋斗，经过共和国成立以来60多年的艰苦创业，经过改革开放30多年的奋勇开拓，中华民族伟大复兴的曙光已经灿烂地照临东方的地平线。目前，我国经济总量已跃升世界第二位，综合国力、国际竞争力、国际影响力显著提高，人民生活初步走向了富裕安康，中华民族以过去从未有过的崭新姿态傲然屹立于世界民族之林。党的十八大提出了“两个一百年”的宏伟目标，描绘了全面建成小康社会的宏伟蓝图。可以说，中华民族比以往任何时候都更加具体而微地逼近“好梦成真”的时刻。

但是必须看到，越是驶入潮平岸阔的黄金水道，越是可能有不期而遇的风浪；越是接近胜利的彼岸，越是要谨防暗礁险滩。综观国际国内大势，我国仍处于大有作为的战略机遇期。但影响战略机遇期的不确定因素也在增多。从国际看，世界正处于大发展大变革大调整之中，经济、政治、文化等各个领域的交融和碰撞、竞争和博弈错综复杂、波谲云诡；国际上一些势力不愿意看到一个社会主义的中国欣欣向荣，千方百计对我实施战略遏制和挤压；维护和实现祖国完全统一任重而道远、维护国家主权和海洋权益的斗争复杂而艰巨。从国内看，随着改革开放向纵深推进，制约科学发展的体制机制性障碍和发展中的矛盾日益凸显。从党自身来看，新形势下所面临的执政考验、改革开放考验、市场经济考验、外部环境考验十分严峻，精神懈怠的危险、能力不足的危险、脱离群众的危险、消极腐败的危险触目惊心。更应看到我们虽然取得了历史性的进步和伟大的成绩，但我国仍处于并将长期处于社会主义初级阶段的基本国情没有变，人民日益增长的物质文化需要同落后的社会生产之间的矛盾这一社会主要矛盾没有变，我国是世界上最大发展中国家的国际地位没有变。因此，我们切不可小胜即满，忘乎所以。中国有一句古话，叫作“行百里者半九十”。为了迎接那个日益临近、日益真切的“梦圆时分”，我们必须准备继续接力拼搏，锲而不舍。

实现中华民族的伟大梦想，必须依靠各族人民和整个中华民族的共同努力。天下兴亡，匹夫有责。国之不兴，胡以家为？家是最小国，国是千万家。每一个人的前途命运都是与祖国的命运连在一起的。正如习总书记所说的，国家好，民族好，大家才能好。生活在当今时代的中国人是幸福的，生逢我们民族这样一个追梦年华是幸运的，能够为中华梦圆而献出一份光和热是无上荣光的。流淌着祖先的血液，赓续着先辈的光荣，回应着我们民族近两个世纪的期盼，今日之每一个中华儿女，不论你在东西南北，不论你在世界的哪一个角落，都应该为中华梦圆而增砖添瓦，助推给力。

实现中华民族的伟大梦想，必须弘扬求真务实、真抓实干的精神。愚公移山、大禹治水，是我们民族宝贵品格的象征。我们党在长期的革命、建设和改革实践中，形成了艰苦奋斗的政治本色和优良作风。习总书记在讲话中重申“空谈误国，实干兴邦”的古训，寓意十分深长。梦在心中而路在脚下。不干，半点马克思主义也没有。徒有高蹈之论，而无践履之行，就是对伟大梦想的亵渎和背叛。要坚决摒弃高高在上的官僚主义、花拳绣腿的形式主义。

“长风破浪会有时”。展望明天，我们对实现中华民族的伟大梦想充满了必胜的信心。但正如习总书记所说，把蓝图变成现实，我们还将走很长的路，我们必须为之付出长期艰苦的努力。实干方能兴邦。让我们直挂云帆，奋勇开启中华民族走向伟大复兴的新航程！

（《求是》杂志2013年第2期）

实现民族复兴的“中国梦”

——中国共产党的历史使命与责任担当

▲宋维强

习近平总书记在参观《复兴之路》展览时深刻指出，实现中华民族伟大复兴，是中华民族近代以来最伟大的梦想。这既科学概括了近代以来中国历史的主题，又鲜明地向世界昭示了“中国梦”。回首历史，为了实现这一梦想，亿万中华儿女前赴后继、不懈奋斗，却曾屡遭挫折，一度看不到希望。这种状况，只有在中国共产党成立后才发生了根本改变，从此走上了实现民族复兴的康庄大道。

天涯何处是神州？

——“中国梦”的背景与提出

近代以来，民族复兴始终是让每一个中国人魂牵梦萦、念兹在兹的目标，激励着人们为之英勇斗争、流血牺牲。那么，提出这一目标有何重大意义？

实现复兴，并不是所有民族都会提出的课题。只有自身文明曾经繁荣兴盛过的民族，才有条件提出复兴的目标。如果过去不曾辉煌过，何来复兴可言？进而，只有自觉把握并勇于担负起复兴重任的民族，才会提出这样的目标。纵观人类社会历史，在经历从领先到落后的落差后，有的民族从此走向衰落，酿成让人唏嘘不已的历史悲剧。但是，一个真正伟大的民族绝不会就此沉沦，而是从苦难中觉醒。毫无疑问，中华民族就是这样的伟大民族。

先来看让每一名中华儿女都感到自豪的历史吧！中国是世界上少有的历史文化从未间断、一直延续至今的国家。在漫长的历史进程中，中华民族曾经长时期走在世界前列，对人类文明发展做出了不可磨灭的重大贡献。然而近代以来，中华民族却屡遭屈辱、磨难。也许是“盛极必衰”，中国延续2000多年的封建社会在17世纪下半叶后逐步走向衰落。在前所未有的世界大变局中，中国开始落后于新兴的资本主义国家，鸦片战争以后更是逐步沦为半殖民地半封建社会，面临着极其深刻的生存危机。

中华民族是就此沉沦，还是会再度崛起？暂时的落后、空前的屈辱和无尽的苦难，并没有蒙蔽中国人的眼睛、麻痹中国人的心灵。在一批先进分子的启发下，中国人民开始从“天朝上国”的迷梦中惊醒。1894年，孙中山响亮地喊出了“振兴中华”的口号，鲜明地向世界展示了中华儿女的伟大梦想。在任何困难面前，中国人都压不倒、摧不垮，这正是中华民族的生命力所在！

山重水复疑无路

——“中国梦”的曲折探索

确立了民族复兴的伟大目标，接下来就要找到实现这一梦想的正确道路。正确的道路从哪里来？在这个问题上没有任何先例可循，只能在黑暗中苦苦摸索。

这样的过程，注定是漫长而艰难的。危机面前，各种救国主张如走马灯般在中国登台亮相。不同阶级、不同社会阶层、不同政治力量，都曾提出并实践过各种各样的方案，但是这些探索都无一例外地失败了。无论是“师夷长技以制夷”，还是“中体西用”，都没能提供正确的理论指导；无论是太平天国运动，还是洋务运动、戊戌维新，都没能指明前进的正确方向。辛亥革命开启了中国进步的闸门，但是最终也失败了。

一次次探索，又一次次失败，原因究竟在哪里？不用细细思考，就可以列出很多：统治阶级腐朽而顽固，殖民主义势力异常强大，各次探索的领导力量还比较弱小，人民群众的力量没有充分发动，等等。应该说，这些因素确实都很重要，不过以“后来者”的眼光回望历史，我们可以更加清楚地认识到，这些探索失败的根本原因是缺少了三个因素，即没有坚强的领导核心、没有科学的理论指导、没有找到正确的道路。在不具备这些因素的条件下，遭受挫折和失败是难免的：总是旧的幻想破灭了，新的希望又产生；一个失败刚过去，新的探索又开始。

尽管如此，在经历一次又一次失败后，中华民族依然百折不挠，不懈探寻着实现民族复兴的正确道路。

柳暗花明又一村

——“中国梦”迎来了中国共产党

中国向何处去？进入20世纪，陷于苦闷和迷茫之中的中国人不由发出这样的呐喊。危难之际，中国共产党登上历史舞台，成为实现“中国梦”的核心领导力量。

这样的领导地位，不是自然而然实现的，而是在大浪淘沙的历史选择中逐步确立的。回顾历史，中国共产党之所以能够在几百个政党中脱颖而出，就在于拥有马克思主义这一思想武器，在中国革命、建设和改革等一系列重大问题上，都能够科学地指明正确方向，并紧紧与最广大人民群众站在一起，拥有了推动历史前进的根本依靠力量。马克思主义之所以能够在几百个理论、几千个主义中胜出，最根本的就在于它揭示了人类社会发展规律，在与中国实际相结合的过程中，为革命、建设和改革事业提供了源源不竭的思想动力和理论指导。正因为此，中国人民在饱经磨难后，一旦认定就毫不动摇地选择了马克思主义、选择了中国共产党。

自那时起，中国共产党团结和带领全国各族人民在民族复兴的道路上阔步前行，不断取得举世瞩目的伟大成就。在长达28年的反帝反封建斗争中，成功走出了一条新民主主义道路，结束了四分五裂、人民灾难深重的局面，建立了新中国，以崭新的姿态屹立在世界东方。新中国成立后，又相继实现了从新民主主义革命到社会主义革命和建设的历史性转变，从高度集中的计划经济体制到社会主义市场经济体制、从封闭半封闭到全方位开放的历史性转变，步入了改革开放和现代化建设新时期，中国特色社会主义展现出勃勃生机。

从贫穷落后到繁荣昌盛，从山河破碎到强大统一，正是在中国共产党的领导下，中华儿女书写了一幅波澜壮阔的复兴画卷，向世界交出了一份优秀的“中国答卷”。

直挂云帆济沧海

——奋力开拓“中国梦”的光明前景

在实现“中国梦”的历史征程上，我们已经取得了令人振奋的伟大成就，但必须清醒看到，距离实现民族复兴的目标，我们仍然有很长的路要走。

有人会问，实现民族复兴，目标如此宏大，任务如此艰巨，怎么衡量？应该说，在这一问题上没有标准答案。不过，以下两点应该相对容易得到认同，即民族复兴应该是全面的，包括经济、政治、文化、军事等各个方面；民族复兴应该具有世界意义，不仅体现在国内发展上，而且要经得起国际比较。就此而言，当中国的发展达到以下状态时，或许我们就可以说民族复兴的目标已经实现。这意味着，我们的经济高度发达，科技教育引领世界潮流，政治制度高度民主，人民的权利和自由得到充分保障，生活水平和文明素质空前提高，祖国实现完全统一，中华文明在国际上产生广泛影响，中国特色社会主义得到广泛认同。这就是中国共产党对于中华民族美好未来的庄严承诺，就是我们要为之不懈奋斗的“中国梦”。

由此，会带来一个新的问题，民族复兴是不是意味着中国要在世界上称霸？尽管国际上有这样那样的担忧与怀疑，我们仍然要坚定地说，不是这样的。重现辉煌并不是要回到过去。实现复兴绝不是要重温历史上的“汉唐盛世”，更不是恢复曾经的“中华帝国”。正如中国一再强调并以实际行动向世界表明的那样，不管现在还是将来，中国永远不称霸。中国的复兴，走的不是战争道路，而是和平发展道路，不是资本主义道路，而是中国特色社会主义道路，不是用中华文明取代其他文明，而是要实现文明的和谐与共生，不是要取代其他国家的地位，而是要实现共同发展、建设和谐世界。

如同任何美好的事物一样，“中国梦”的实现并不会一帆风顺。从国内看，我们正处于并将长期处于社会主义初级阶段的国情没有变，在前进道路上将要面对的困难和风险世所罕见。从国际上看，一些国家限制、遏制我国发展的图谋没有改变，民族复兴仍然面临重重阻力。这一切，都决定了民族复兴将是一个艰难而漫长的过程。千里之行，始于足下。只要我们始终不渝地坚持中国共产党的领导，毫不动摇坚持、与时俱进发展中国特色社会主义，一代接着一代干，在全国各族人民的共同努力下，民族复兴的“中国梦”一定会实现。

（2013年2月4日《光明日报》）

用脚踏实地的劳动实现“中国梦”

▲钟文岩

习近平总书记在参观《复兴之路》展览时对“中国梦”的深情阐释，高屋建瓴，激发了全国人民用脚踏实地的劳动去实现中华民族伟大复兴这一光荣梦想的豪迈热情和坚定决心。

“雄关漫道真如铁”。1840年鸦片战争后的100多年来，我们的祖国经历了刻骨铭心的磨难，但中华儿女始终没有泯灭一个梦想，就是实现中华民族伟大复兴。经过不断奋起抗争，我国人民终于在中国共产党领导下掌握了自己的命运，把贫穷落后的旧中国变成日益走向繁荣富强的新中国，迎来民族复兴前所未有的光明前景。

回溯历史，我们清楚地看到，实现中华民族伟大复兴取得的每一个胜利，都是靠全民族埋头苦干取得的。展望未来，我们清醒看到，实现中华民族伟大复兴的光荣梦想仍然要靠脚踏实地的埋头苦干来实现。正如习近平总书记在广东考察时指出的：“全面建成小康社会要靠实干，基本实现现代化要靠实干，实现中华民族伟大复兴要靠实干。”

用辛勤劳动铸就“中国梦”

“人世间的一切幸福都需要靠辛勤的劳动来创造。”实现中华民族伟大复兴的“中国梦”，同样离不开全体中国人民的辛勤劳动。

辛勤劳动创造了中华民族的辉煌历史，铸就了新中国成立60多年来的伟大成就。热爱劳动、辛勤劳动是中华民族代代相传的优秀品质。新中国成立后，在中国共产党领导下，我国工人阶级和广大劳动群众焕发主人翁精神，用自己的辛勤劳动创造了一个又一个奇迹。比如，“两弹一星”的成功发射就是这一时期中国人民用辛勤劳动创造伟大事业的真实写照。在“两弹一星”伟大事业的背后，是难以想象的艰辛和考验，是中国人民为了实现中华民族伟大复兴光荣梦想的豪情和信心、奋斗和艰辛。

创造更加幸福美好的未来同样离不开辛勤劳动。汗水浇开幸福花，劳动铸就“中国梦”。人世间的一切梦想，只有通过辛勤劳动才能实现；发展中的一切难题，只有通过辛勤劳动才能破解。党的十八大报告描绘的全面建成小康社会、加快推进社会主义现代化、夺取中国特色社会主义新胜利的宏伟蓝图，是我们实现中华民族伟大复兴光荣梦想的行动纲领。宏伟蓝图的实现要靠全国各行各业的人们脚踏实地的辛勤劳动，中华民族伟大复兴的光荣梦想也要靠全国人民的辛勤劳动来实现。

用诚实劳动扮美“中国梦”

通过诚实劳动创造美好生活是全国亿万人民的共同追求，诚实劳动也是实现中华民族伟大复兴征程上最亮丽的风景。

诚实劳动是幸福的。这就在于诚实劳动意味着艰辛的跋涉、艰苦的奋斗和无私的奉献，就在于诚实劳动强调实现人生的梦想不能靠投机取巧，更不能靠不法手段。只有通过诚实劳动，人的自由本质才能得到最好的保障和实现，人的道德主体性和自由创造能力才能最好地展现出来，人才能较好地解决利益与道德之间的矛盾，实现内心的宁静与平衡；只有通过诚实劳动，人们才能真正培养勇敢、坚强、团结、互助、守纪和自信等美德，才能激发人民热爱劳动的崇高情感，才能真正实现美好理想，过上幸福生活。

诚实劳动是和谐的。诚实劳动反映劳动者的工作态度，也影响着劳动者之间的关系、劳动者与社会的关系以及整个社会的劳动关系乃至人际关系的状态。在现实生活中，诚实劳动既表现为劳动者以积极、实干、创造的精神为社会和他人提供物质产品或实实在在的服务、经营者合法诚信经营，也表现为在个人与社会、他人的关系上讲求合作共赢但又不排斥合理有序竞争的存在。在精神层面上，其丰富内涵可大体概括为诚信做事和诚恳待人两个层面。诚信做事是诚实劳动的实践原则，是劳动者和经营者取得事业长久成功的重要保障，也是社会与国家持续繁荣的基础；诚恳待人则是诚实劳动的关系原则，既能创造出良好的劳动情境，使劳动者个体在人际关系层面上的满意度向上提升，进而产生健康的社会支持作用，又有利于加强劳动成员之间的合作与互助，提高劳动生产率，提升工作绩效，实现社会和谐。

诚实劳动是美丽的。诚实劳动所折射出的思想观念和行为准则正是社会主义核心价值观的具体体现，必将有力促进社会主义核心价值观的培育和践行，必将催生出实现中华民族伟大复兴更加强大的凝聚力、向心力，以及为此而奋斗不息的强大的统一意志和行动。诚实劳动体现了崇高的社会公德、职业道德和个人品德，弘扬了中华传统美德，弘扬了时代新风。诚实劳动弘扬真善美、贬斥假恶丑，引导人们自觉履行法定义务、社会责任、家庭责任，营造了劳动光荣、创造伟大的社会氛围，培育了知荣辱、

讲正气、作奉献、促和谐的良好风尚，因而诚实劳动也是高尚的、美丽的。

用创造性劳动提升“中国梦”

回首我国现代化历程，我们能够取得举世瞩目的巨大成就，关键在创新。所以，劳动最光荣，创造最伟大。在新的历史征程上，我们仍然必须坚持创新、勇于创新，用创造性劳动去实现中华民族伟大复兴的光荣梦想。

用创造性劳动促进历史跨越发展。新中国成立60多年来的实践生动说明，正是由于我国人民的创造性劳动才使得我国不断实现历史跨越，把贫穷落后的旧中国变成日益走向繁荣富强的新中国。神九飞天，首次载人交会对接圆满成功，生动展示了“中国精度”；蛟龙入海，载人下潜成功突破7000米，一举刷新了“中国深度”；超级计算机、高速铁路等实现重大突破，不断书写世界纪录，彰显了“中国跨度”……一系列令国人自豪、让世界瞩目的自主创新成果，不仅是我国建设创新型国家取得的标志性成就，更是中国人民创造性劳动的真实写照。从“两弹一星”发射成功到航母舰载机的成功起降，中国的科技工作者不断以令人惊叹的速度创造着一个个奇迹。这奇迹的背后正是许许多多像钱学森、罗阳这样的时代英雄，用勇攀科技高峰的创造性劳动，推动着科技与社会的跨越式发展。

用创造性劳动促进可持续发展。对于一个矢志复兴的民族来说，创造性劳动是实现生产方式根本性转变、提升发展质量和效益、实现可持续发展的关键之举。经过改革开放30多年的持续快速发展，我国经济社会发展正面临着资源约束趋紧、环境污染严重、生态系统退化的严峻局面。因此，用创造性劳动促进可持续发展，必须按照人与自然和谐相处、和谐发展的要求，树立尊重自然、顺应自然、保护自然的生态文明理念，在经济建设、政治建设、文化建设、社会建设各方面、各领域的创造性劳动过程中，处处体现生态文明的原则和目标，创造良好的生产生活环境，给子孙后代留下天蓝、地绿、水净的美好家园，建设美丽中国，实现中华民族永续发展。

用创造性劳动彰显民族自豪。用创造性劳动求新求变，是中华民族自信自强精神的真实写照。世界上海拔最高的青藏铁路、最大的水利工程、超级杂交水稻、转基因抗虫棉、“鸟巢”、“水立方”等重大创新成果，都是我国人民创造性劳动开出的绚丽花朵，不仅增强了13亿中国人的自信心、自豪感，也赢得了全世界的尊重。这些举世瞩目的创新成果，正是改革开放30多年来中华民族创造性劳动的光辉结晶。伟大的事业离不开万众一心的奋斗，美好未来需要更加脚踏实地的创造性劳动。

当前，实现中华民族伟大复兴的宏伟蓝图已经绘就，目标已经明确，部署已经启动，我们每一个中国人都要响应习近平总书记“实干兴邦”的号召，积极投身到时代的大潮之中，在实现中华民族伟大复兴的历史进程中，争取中华民族的新光荣、彰显中华民族的新自豪！

（2012年12月29日《人民日报》）

改革开放是实现“中国梦”的“关键一招”

▲毛晓刚

党的十八大描绘出全面建成小康社会、加快推进社会主义现代化、夺取中国特色社会主义新胜利的宏伟蓝图，激发起13亿人共走复兴路、共圆“中国梦”的豪情壮志，要实现、完成这些宏图伟业，必须要坚定不移地用好改革开放这“关键一招”。今天的改革，是在更高质量、更高水平上的改革，尤其是必须更加注重改革的系统性、整体性、协同性，必须拿出更大的政治勇气和智慧，进一步“大胆地试，大胆地闯”。

中共中央总书记、中共中央军委主席习近平近日在广东考察工作。从深圳、珠海到佛山、广州，沿着20年前邓小平视察南方之路，习总书记一路强调，党的十八大向全党全国发出了深化改革开放新的宣言书、新的动员令，全党全国各族人民要坚定不移走改革开放的强国之路，更加注重改革的系统性、整体性、协同性，做到改革不停顿、开放不止步，为全面建成小康社会、加快推进社会主义现代化而团结奋斗。

在全党全国兴起学习贯彻十八大精神热潮之际，习近平同志的这次广东之行备受关注，不少媒体和观察人士称之为“新南巡”。可以说，在广东这个我国改革开放中得风气之先的地方，习总书记以自己的一言一行、一举一动，充分表明了新一届中央领导集体坚定不移推进改革开放的坚强决心，也向全党全国发出了坚定信心、凝聚共识、统筹谋划、协同推进的动员号召。

尤其令人印象深刻的，是习总书记对改革开放的概括：改革开放是我党历史上一次伟大觉醒，是决定当代中国命运的关键一招，也是决定实现“两个100年”奋斗目标、实现中华民族伟大复兴的关键一招。“伟大觉醒”、“关键一招”的提法，令人耳目一新，想来又入情入理。回顾过去30多年的历程，正是我们党深刻总结历史经验教训，实现了改革开放这一次伟大觉醒，打出了改革开放这关键一招，才孕育和催生了新时期从理论到实践的一系列创新创造，才让中国人空前之近地迎来实现中华民族伟大复兴这一“中国梦”的曙光。党的十八大描绘出全面建成小康社会、加快推进社会主义现代化、夺取中国特色社会主义新胜利的宏伟蓝图，激发起13亿人共走复兴路、共圆

"中国梦"的豪情壮志，要实现、完成这些宏图伟业，还必须要坚定不移地用好改革开放这"关键一招"。

在中国特色社会主义道路上实现"中国梦"，寄托着无数仁人志士、革命先辈的理想和夙愿，也承载着今日中国人的共同心声和愿景。作为党和人民90多年奋斗、创造、积累的根本成就，中国特色社会主义道路、理论体系、制度来之不易，我们必须准备进行具有许多新的历史特点的伟大斗争。奋斗历程告诉我们，没有改革开放，就没有中国特色社会主义；在新的历史条件下夺取中国特色社会主义新胜利，还必须坚持推进改革开放。改革开放是坚持和发展中国特色社会主义的必由之路，也是题中应有之义，这应该是认识和理解"关键一招"的一个重要方面。

当然，今天的改革开放已经与30多年前大不相同，"关键一招"的内涵和外延也在与时俱进。经过几十年努力，我们市场经济体制不断完善，经济实力大大增长，全方位开放不断深入，综合国力和国际影响力大大提升。站在过去发展的巨大成就上，站在过去工作的巨大成绩上看待今后的改革，自然是另一番光景。现在的改革，已经不再是初期大刀阔斧、革故鼎新的开局状态，而是动辄牵一发而动全身，既错综复杂又敏感脆弱。这就需要更高质量、更高水平上的改革，尤其是必须更加注重改革的系统性、整体性、协同性，只有统筹兼顾才能有效推进。

全面深化改革，需要更多针对今日中国发展现状和未来发展需求的顶层设计和总体规划，需要聚合各项相关改革协同推进的正能量。这是中国发展赢得长久活力和竞争力的现实瓶颈，也是我们必须着重突出和突破的一个关键。

实现更高质量、更高水平的改革，没有点迎难而上、攻坚克难的精神，恐怕很难推动。应该清醒地看到，当前进入深水区和攻坚期的改革进程，朝何方向迈步不乏争议，硬骨头、硬茬子为数不少，险滩暗礁无法预料，思想观念有新障碍，利益固化有新樊篱。正如船到中流，不进则退。改革开放到了今天这一阶段，封闭僵化的老路和改旗易帜的邪路都不能走，停滞和倒退都没有出路。我们必须拿出更大的政治勇气和智慧，进一步“大胆地试，大胆地闯”。今天的改革者，应该从当年壮士断腕、扭转乾坤的战略家身上汲取力量，敢下决心打硬仗，敢冲破思想观念窠臼，敢打破固有利益格局。用行动来涉急流、渡险滩，用实干来开新局、写新篇，这是国人的普遍期盼，也是让“关键一招”实现新的“质的飞跃”的必然要求。

“空谈误国，实干兴邦。”实现“中国梦”要靠实干，坚定不移用好改革开放这“关键一招”就是在实干兴邦。我国已经进入全面建成小康社会的决定性阶段，时间紧迫，时不我待。我们唯有坚持改革开放不动摇，一步一个脚印去奋斗，以更大的道路自信、理论自信、制度自信，去奋力实现中华民族伟大复兴的光荣梦想。这，是今日中国人义不容辞的历史使命和责任。

（2012年12月14日《北京日报》）

实干让“中国梦”更美丽

▲杨　凯

2012年11月29日，新一届中央领导集体走进国家博物馆，参观《复兴之路》展览。这是在十八届一中全会上和中外记者见面之后，新班子的又一次集体亮相。再次亮相，重温历史。回首百年，感慨良多。参观过程中，中共中央总书记、中央军委主席习近平发表了重要讲话。

“空谈误国，实干兴邦。我们这一代共产党人一定要承前启后、继往开来，把我们的党建设好，团结全体中华儿女把我们国家建设好，把我们民族发展好，继续朝着中华民族伟大复兴的目标奋勇前进。”

历史昭示未来。看昨天，“雄关漫道真如铁”；看今天，“人间正道是沧桑”；看明天，“长风破浪会有时”。鸦片战争之后，实现民族复兴便成为近代以来最伟大的“中国梦”，几代中国人前赴后继、持续奋斗了170多年。如今，中华民族伟大复兴已经展现出光明前景。今天的中国人比历史上任何时期都更接近这个“中国梦”，也比历史上任何时期都更有信心、有能力实现这个目标。在这样的历史当口，习近平讲“空谈误国，实干兴邦”，深思熟虑、意味深长。

高谈阔论白费光阴，瞻前顾后错过机遇。“空谈误国”在中国历史上并不鲜见，在党的历史上也有过教训。在信息高速时代，不切实际的空谈更是只能徒增“熵”值，无益建设。

从建立新中国到建设新中国，正是中国人民的革命实践与建设实践，开启了古老中国的现代化进程。中国目前已经成为世界第二大经济体，经济成就举世瞩目、综合国力今非昔比、人民生活水平大幅改善、国际影响力迅速攀升，正是一代代中国人的艰苦奋斗和埋头苦干，让“中国梦”前景光明。

时间已经进入21世纪第二个10年，中国仍处在重要战略机遇期，面临的挑战和机遇空前。中共十八大已经为未来描画了美好的蓝图。但是，要把蓝图化作现实，还有很长的路要走，需要付出长期艰苦的努力。面对把一个13亿人口规模的发展中大国带入现代化的历史重任，面对经济社会双转型的压力与和平崛起的烦恼，面对发展中出现的新矛盾和新问题，中国共产党如何砥砺自身，如何通过实干凝聚党心民心，解决这个问题尤为重要也异常艰难。“把我们的党建设好”，意味着在思想、组织、作风、制度以及反腐倡廉建设上真抓实干，意味着向自身机体上腐败、溃败的部分认真开刀。这里面有自信的从容，有担当的勇敢。

中华民族志向高远，中国未来充满自信。2021年，中国共产党成立100年，中国要全面建成小康社会；2049年，新中国成立100年，中国要建成富强民主文明和谐的社会主义现代化国家。“中国梦”并不遥远。

这“中国梦”里，有“强国”也有“富民”。这“中国梦”里，有航母和北京奥运会，更有普通人生活中的希望和尊严。“每个人都有理想和追求，都有自己的梦想。”习近平的讲话把“中国梦”的内涵落实到了每个中国人的生活世界。中华民族是一个命运共同体，只有民族、国家实现科学发展，个人才能实现全面发展。同样，只有每个人都拿出实干的精神和劲头，干好“自己的那一份”，“中国梦”才够美丽，够坚实。

（2012年11月30日《人民日报海外版》）

“中国梦”的中国气质与中国景象

▲陈振凯

“中国梦”为什么有力量？因为背靠13亿人民。

“中国梦”为什么可以抵达？因为中国找到正确道路，并且崇尚“实干”。

有些普通词汇，因为不普通的时间和场合，就拥有了穿透历史和影响未来的力量。

2012年11月29日，“中国梦”——这个常出现在商品广告里的词汇——几乎瞬间，从国家博物馆传遍中国乃至世界。当日，中共新一届领导集体参观《复兴之路》展览，习近平总书记讲话时提到这个词汇。

次日，“中国梦”占据了大量世界知名媒体的重要版位，为中国未来做了一个巨大形象广告。

中国声音：透视中国的更新和渐变

每5年，每10年，中国都以更新的气质和气象，呈现在世界面前。至于国外，欲观察中国走向，最有效率的方法，便是聆听新一届党代会和新的领导集体，记住“中国声音”里的关键词汇。

所以，2012年11月8日的十八大上，世界记住了“美丽中国”，看到了中共的“道路自信、理论自信、制度自信”；15日，习近平等七位常委与媒体见面，世界听到了“让大家久等了”的问候，看到了这样一个政党形象——“人民对美好生活的向往，就是我们的奋斗目标”；29日，世界则感知了“中国梦”的伟大，以及“空谈误国，实干兴邦”的掷地有声。

伟大梦想：中华民族的“复兴之路”

什么是“中国梦”？习近平说：“我以为，实现中华民族伟大复兴，就是中华民族近代以来最伟大的梦想。”

近代以来，中国由盛而衰，并屡遭外侵。这对自信于数千年文明的中华民族实为极大打击。清朝君臣也好，民国名流也罢，“海国图志”，“洋务运动”，“戊戌变法”，“建国方略”……无不渴望找到民族复兴之路。然而，大都“此路不通”。

中国共产党诞生、成长、壮大，一直将求索“复兴之路”视为己任。而今，中国找到了“复兴之路”——中国特色社会主义道路，并拥有了“道路自信”。

正确的道路也让中国圆梦的速度加快。中国正向全面建成小康社会、全面实现中国特色社会主义现代化和中华民族伟大复兴的梦想前进。

崭新气象：13亿人对未来更有信心

“没有一句空话、套话。”2012年11月15日，习近平“就职演说”后，公众如此评价。

从习近平的讲话中，浙江名列“世界500强企业”的一位企业家看到了“新班子的新气象”。2012年11月24日，他告诉记者：“今年，我主动订了一份《人民日报》。以前，没有订过。”记者问：“你订的是对新一届领导班子的信心？”他说：“我订的是对中国未来的信心。”

相对中共中央机关报《人民日报》近300万份的发行量，1份报纸的增量无足轻重。而如果13亿人每人增加一份对未来的确信，中国便拥有了更好的未来，“中国梦”便多了分量。

换一种说法，“中国梦”指向4个字：中国崛起。外交家吴建民说，中国的崛起是13亿人在崛起，人类历史上没有13亿人国家崛起的先例。“中国尽管存在着贫富悬殊、城乡差别，但是总体上看，不论什么地方，中国人的生活比改革开放前是好多了。这是党的方针的威力，这也是每一个人追逐梦想的威力。”

实干气质：一切幸福靠劳动创造

2012年12月2日，距离习总书记国家博物馆讲话后3天，在湖北省罗田县一个普通山村里，一名当地企业家告诉记者，他听到“空谈误国，实干兴邦”8个字后，非常振奋。

事实上，早在20年前，这8个字便立在深圳蛇口码头的牌子上。实干才有了深圳的辉煌，才有了民族的复兴。中华民族是个注重“实干”的民族。“中国梦”的每一步实现，从来不是靠空口白牙，“人世间的一切幸福都要靠辛勤的劳动来创造的”。

“摸着石头过河”是实干，“改革开放”是实干，迎战金融危机也是实干。而今，中国经济全球第二，所处的世界位置今非昔比，但社会主义初级阶段的本质没有变，实干仍不可或缺。即便未来，中国跨过这个阶段，同样离不开亿万人民的实干。

“中国梦”为什么有力量？因为背靠13亿人民。

“中国梦”为什么可以抵达？因为中国找到正确道路，并且崇尚“实干”。

追逐美丽“中国梦”，唯有实干。

有实干，“中国梦”一定能实现。

（2012年12月8日《人民日报海外版》）

为实现“中国梦” 聚合更多正能量

▲慎海雄

新年的阳光照耀在每个中国人的脸上。带着对“中国梦”的憧憬和信心，挥别激情澎湃的2012年，我们伟大的祖国，驶入2013年的新航程。“中国号”巨轮，既风正帆悬，蕴藏着无限的生机与活力，也面临着更加艰巨的任务和考验。

不负民族、人民和党赋予的重大责任，以习近平同志为总书记的党中央，从2012年11月15日履职的那一天开始，力行实干兴邦，巩固党和人民的血肉联系，发出改革不停顿、开放不止步的动员令。

在激情和期盼中迎来的2013年，注定是不平凡的一年：这是党的十八大制定的战略部署全面贯彻落实之年，是全面建成小康社会宏伟目标的开局之年，更是实现中华民族伟大复兴“中国梦”的奋进之年。

这是又一次鼎新革故的开局，这是又一个重新开始的时间。奋发有为地起好步、开好局，在迎接挑战中，中华民族将展现出更加朝气蓬勃、充满活力的新希望。实现“中国梦”是中华民族最大的希望，实现“中国梦”需要聚合更多的正能量。何谓“正能量”？社会生活中的正能量指的是一切予人向上和希望、促使人不断追求、让生活变得圆满幸福的动力和感情。“正能量”这三个字，充满象征意义，与我们的情感紧紧相系，表达着我们的渴望，我们的期待。

正因为如此，在刚刚过去的2012年，习近平总书记两次提到“正能量”：于内政，要“聚合各项相关改革协调推进的正能量”；于外交，要“为中美关系持续发展积累正能量”。

聚合正能量，以习近平同志为总书记的党中央有宣示更有行动。贯彻落实十八大精神，一系列振奋人心的治国理政新举措、新信号，让人民感到了变化的力量，产生了强大的正能量冲击波。

这冲击波，在2013年必将继续激荡人心。新的一年，进一步贯彻落实十八大精神，为实现“中国梦”聚合更多的正能量，依然是全体中华儿女的期待。

我们期待，在协调推进改革中聚合更多的正能量。

“我们要尊重人民首创精神，在深入调查研究的基础上提出全面深化改革的顶层设计和总体规划，尊重实践、尊重创造，鼓励大胆探索、勇于开拓，聚合各项相关改革协调推进的正能量。”习近平总书记2012年12月在广东考察时指出，“必须以更大的政治勇气和智慧，不失时机深化重要领域改革”，用“关键一招”实现我们的“中国梦”。随着改革进入攻坚期和深水区，许许多多阻碍改革开放的硬骨头和险滩已绕不过去。我们必须勇于冲破思想观念的障碍、勇于突破利益固化的樊篱。“改到深处是利益。”在利益多样、诉求多元，不少人感叹“改不动”的今天，如何寻求最大的公约数，是我们能否确保改革不停顿、开放不止步，将“关键一招”用好、用实的关键因素。为此，必须依靠协调推进改革聚合更多的正能量，“调动一切积极因素”，公平分享经济发展成果，合理分担改革成本，合理配置社会资源，尽可能减少和化解消极因素，并转化为积极因素，努力形成千帆竞发、百舸争流的改革开放新局面。展望新的一年，改革是最大的红利，改革也是正能量之源。

我们期待，在重建党和人民的血肉联系中聚合更多的正能量。

“我们的责任，就是同全党同志一道，坚持党要管党、从严治党，切实解决自身存在的突出问题，切实改进工作作风，密切联系群众，使我们的党始终成为中国特色社会主义事业的坚强领导核心。”习近平总书记在新一届中央政治局常委在中外记者见面会上的讲话中，对人民反映最为强烈的贪污腐败、脱离群众、形式主义、官僚主义等问题毫不讳言，宣示向痼疾开刀的勇气和决心。治党必须从严，这是中央领导集体鲜明的政治态度。紧接着，中央政治局出台改进工作作风、密切联系群众的八项规定，向痼疾宣战。习近平总书记等中央领导率先垂范改会风、文风，考察“不封路”、吃自助餐，极大地激发起全党全国人民的强大凝聚力和战斗力。可以说，党中央领导集体已经赢得了民意、民心和民气。习近平总书记曾经指出，中国共产党在91年的奋斗中形成了自己的理论优势、政治优势、组织优势、制度优势和密切联系群众的优势。“政之所兴，在顺民心；政之所废，在逆民心”，只要我们扎扎实实以“八项规定”为突破口进一步改进党风政风，发挥党的“五大优势”，就一定能聚合起党和人民同心同德实现“中国梦”的正能量。2013年，各级党委政府，各个单位，都必须在落实八项规定上拿出真招实招，以风清气正换来人心大顺。

我们期待，在向世界开放学习、同世界合作共赢中聚合更多的正能量。

习近平总书记2012年12月5日同在华工作的外国专家代表座谈时强调，中国将继续向世界开放学习、同世界合作共赢，坚持对外开放的基本国策不动摇，不封闭、不僵化，打开大门搞建设、办事业。中国将更加注重学习吸收世界各国人民创造的优秀文明成果，相互借鉴、取长补短。中国绝不会称霸，绝不搞扩张。中国越发展，对世界和平与发展就越有利。习近平总书记代表中共新一届中央领导集体对世界做出的宣示表明，中国将始终与世界同舟共济、携手并进。实现中华民族伟大复兴的“中国梦”，不仅需要内部同心同德，也需要“朋友遍天下”，不断积累和平发展的外部环境正能量。

“神居胸臆，而志气统其关键”。实现“中国梦”，在过去30多年改革发展奠定的物质基础上，能否聚合更多的正能量，具有决定性意义。伴随新年的钟声，让我们抖擞精神，聚合更多的正能量，向着伟大的“中国梦”昂扬奋进！

（2013年1月4日《解放日报》）

为“中国梦”自主自觉地奋斗

▲卢春山

近日，习近平总书记深情阐述了“中国梦”，指出每个人的前途命运都与国家和民族的前途命运紧密相连；国家好，民族好，大家才会好。把习总书记的重要讲话与党的十八大报告结合起来学习，一个深刻的体会是：为实现“中国梦”，需要全体中华儿女自主自觉地奋斗。

什么是自主自觉地奋斗？自主就是要自己当家做主，不受外来支配，敢于对自己的命运负责，能够独立地存在和发挥作用。自觉就是在自我觉悟、自我发现的基础上，主动地去做，去争取权利，去增强能力。从19世纪中叶，为实现独立、自由、民主、统一、富强，饱尝欺凌和压迫的中国人民，对自主视若生命，锐意进取，坚守不屈。正是对自主的热爱，中华民族才更自觉地去奋斗、去奉献、去牺牲。在长期的民族求生存、求独立的奋斗中，在伟大的革命、建设、改革开放的实践过程中，这种自主与自觉日益密切地结合在一起，形成了中华民族特有的自主自觉的奋斗精神，这是中华民族的宝贵资源，蕴藏着民族复兴的巨大潜能。

自主自觉的奋斗精神在党的十八大报告中得到了充分体现。关于“自主”，报告充分肯定了独立自主走自己的路，强调实施创新驱动发展战略，走中国特色自主创新道路；强调包容互鉴，尊重和维护各国人民自主选择社会制度和发展道路的权利；强调始终不渝走和平发展道路，坚定奉行独立自主的和平外交政策，坚决维护国家主权、安全、发展利益，决不屈服于任何外来压力，坚持根据事情本身的是非曲直决定自己的立场和政策，秉持公道，伸张正义。关于“自觉”，报告强调更加自觉地把推动经济社会发展作为深入贯彻落实科学发展观的第一要义，把以人为本作为深入贯彻落实科学发展观的核心立场，把全面协调可持续作为深入贯彻落实科学发展观的基本要求，把统筹兼顾作为深入贯彻落实科学发展观的根本方法；强调树立高度的文化自觉和文化自信；强调自觉遵守廉政准则，自觉按照党的组织原则和党内政治生活准则办事，自觉维护全党的团结统一。

正确地看待“自我”与对待“自我”，是自主自觉的关键。党的十八大要求，坚持推进改革开放，把改革创新精神贯彻到治国理政各个环节，不断推进社会主义制度自我完善和发展；增强自我净化、自我完善、自我革新、自我提高能力，确保党始终成为中国特色社会主义事业的坚强领导核心；开展批评和自我批评，营造党内民主平等的同志关系、民主讨论的政治氛围、民主监督的制度环境。可以说，正是由于中华民族追求自主，才催生了强烈的自觉；也正是由于有了正确的自觉，才能正确地看待“自我”与对待“自我”，进而才能自主自觉地推进改革开放，彰显可贵的自信、自律与自立。

新时期新征程，中国人民承担着在中国特色社会主义道路上实现中华民族伟大复兴的庄严使命。面对新任务新考验，如果不深入贯彻落实科学发展观，如果不坚定不移走中国特色社会主义道路，如果减弱了忧患意识、轻视了创新意识、迷失了宗旨意识、减持了使命意识，梦想就不可能成为现实。只要把亿万人民群众中蕴藏的巨大能量释放出来，通过自主自觉地奋斗、发挥党在奋斗中的关键作用，就一定能把“中国梦”圆满实现。

（《红旗文稿》2012年第24期）

“中国梦”与改作风

▲孙树平　周怀红

伟大事业的起航，源于伟大的理想。伟大理想变成活生生的现实，源于优良作风的保证。习近平总书记关于“中国梦”和党中央关于转变作风的一系列规定，不仅在广大党员干部群众中激起了强烈反响，而且更吹响了促使人们对照检查、深刻反思的动员令。理想问题至关紧要，决定了人民群众的努力方向和动力。作风问题意义重大，影响着党的社会形象和公信力。要实现中华民族伟大复兴，就必须胸怀“中国梦”这一伟大理想，要实现“中国梦”这一伟大理想，就必须在转变作风上用真心、下苦功、求实效。

早在改革开放之初，邓小平同志就谆谆告诫我们，一靠理想，二靠纪律，才能团结起来。在社会领域，人民群众是直接从作风的角度来观察、评价和判断一个党员干部的理想追求和道德境界的，理想和作风关乎人心向背。在组织内部，理想是唤醒人们不懈奋斗的强大精神力量，而作风则是实现理想的坚强护卫和现实条件。没有理想，任何一个组织、国家和民族，都会失去共同奋斗的思想基础，导致意识混乱、龃龉不断。没有纪律，任何一个组织、国家和民族，都会成为一盘散沙，失去凝聚力、战斗力。

“中国梦”是中国特色社会主义共同理想。革命理想高于天。“中国梦”指明了中国特色社会主义的光明前景，既是道路，也是旗帜；既是目标，也是蓝图。“中国梦”源自中国特色社会主义的道路自信、理论自信、制度自信。党的十八大对“中国梦”已经做出描绘：“全面建成小康社会”、“两个翻一番”、“两个100年”、“五位一体”总布局、“建设美丽中国”、“努力让人民过上更好生活”、“完成祖国统一大业”、“建设持久和平、共同繁荣的和谐世界”，等等。这一系列战略性部署构成了“中国梦”实实在在的发展阶段和建设内容，关乎党的命脉，关乎国家前途、民族命运、人民幸福，关乎世界未来。总之，“中国梦”是中国人民的伟大理想，是人民幸福之梦、国家强盛之梦、民族复兴之梦。

翻开历史，“中国梦”已经烙印在民族记忆的深处。自近代以来，中华民族饱受列强欺凌，为了摆脱丧权辱国、亡国灭种的命运，为了一口活命的粮食，为了安放一张学习的课桌，无数革命先烈和志士仁人，前赴后继，上下求索，英勇奋斗。那时的“中国梦”就是民族解放、国家独立之梦。新中国成立后，为了改变贫穷落后的局面，党和人民万众一心，掀起了一波又一波的建设高潮，取得了巨大成绩。尽管在“赶英超美”这类口号的驱使下，我们曾走了一段很长时间的弯路，但“中国梦”的伟大理想始终未曾泯灭。党的十一届三中全会以来，拨乱反正，为了实现社会生产发展、人民生活改善、民族国家富强的宏伟目标，中国人民走上了改革开放的新道路，重新找回了自觉与自信，“中国梦”加快了实现脚步。纵观自鸦片战争以来170多年的中国历史，中华民族从“站起来”，到“富起来”，再到“强起来”，“中国梦”在艰难曲折之中铸就了民族觉醒，使我们获得了一条最可珍重的宝贵真理，只有中国共产党能够救中国，只有社会主义能够发展中国，只有中国特色社会主义能够使中国繁荣强盛。历史和现实一再证明，要想“圆”一代又一代中国人的伟大复兴之“梦”，唯有中国共产党，唯有中国特色社会主义。

“中国梦”已经深深扎根于中国人民的心底，是中华民族孜孜以求的奋斗目标，是我们民族文化、民族性格、民族精神的一部分。理想是一种实实在在的心理动力。心理、动机、理想、梦想所构成并遵循的动力原则，是驱使人们行动起来的基本原则。只有深刻领会“中国梦”的深刻内涵，把“中国梦”转化为每一个人的内在动机和坚定信念，才能为实现“中国梦”做出自己的贡献。

一个梦想，就是一份希望、热情和力量。只要方向一致，干劲充足，那么，希望、热情、力量便会最大限度地会聚起来，便会构成推动历史发展的强大动力。这样，在更大范围和更广领域内，我们就会拥有少阻力、多动力的“力”的平行四边形。

具体到每一个中国人，可能对“中国梦”的理解各不相同，但每一个人的“梦想”都跟“中国梦”密切相关。个人之“梦”与民族之“梦”，不是“井水不犯河水”的关系，而是“大河涨水小河满”的有机关系。国家好、民族好，大家才会好。恰如党的十八大报告所描述的那样，以保障和改善民生为重点，多谋民生之利，多解民生之忧，解决好人们最关心最直接最现实的利益问题，在学有所教、劳有所得、病有所医、老有所养、住有所居上持续取得新进展，努力让人民过上更好生活。在这样的条件下，“中国梦”实际上就是每一个中国人的个人之“梦”，而每一个中国人的个人之“梦”，也必将会聚成为中华民族之“梦”。

追求理想，实现梦想，需要扎实的作风作保障。无论实现民族之“梦”，还是成就个人之“梦”，都需要扎实的努力。“梦想”的实现绝非不劳而获，也不可能唾手可得。“梦想”源于实践，源于行动，唯有真正转作风、正会风、改文风，才能够实现“中国梦”。作风之中凝结着品质、精神、价值、信仰和力量。这需要责任担当、职业操守和创新意识、实干精神，更需要从“我”做起，从一点一滴做起。

空谈误国，实干兴邦。懂就是懂，不懂不能装懂，求真务实，把不懂的抓紧研究弄懂，然后带领党员群众坚持下去，这才是良好作风的正确选择。当前，改革已进入攻坚期、深水区，各种挑战和阻力都会浮现出来，破除前进道路上的艰难险阻，唯有以更大的政治勇气和智慧，以更加扎实、深入、细致的作风，才能冲破思想观念的障碍、突破利益固化的藩篱，才能啃下硬骨头，渡过急流险滩，到达胜利彼岸。实现“中国梦”，这不仅要求我们加强顶层设计和总体规划，更加注重改革的系统性、整体性、协调性，不失时机深化改革，而且，更要求我们在作风上予以配套和有效支撑。如此，才能取得科学发展的新进展和新突破。没有作风保障，浮光掠影，夸夸其谈，一切理想、梦想都只能是空想。

我们党历来重视作风建设。理论联系实际、密切联系群众、批评与自我批评，是我们党的优良传统。时代变了，但优良传统不能变；条件好了，但自我要求不能降低。良好作风始终是我们党赢得人民群众尊重、信赖和支持的首要前提。听其言，观其行，人民群众从作风之中了解每一个党员领导干部的理想追求，判断其真实的修养程度。只有把人民放在心上，人民才会把我们放在心上。

以习近平同志为总书记的党中央，上任之后迅速出台转变作风的八项规定，紧紧抓住为人民群众所长期关注并深恶痛绝的党员干部身上所存在的作风问题，以实际行动改进自己，引领群众，影响社会。从“轻车简从”、“不安排群众迎送”、“不铺设迎宾地毯”、“不出席各类剪彩、奠基活动”，到强调“首先要从中央政治局做起”，“要求别人做到的自己先要做到”，人民群众交口称赞，深受鼓舞。各地各级党和政府纷纷响应，做出了更加务实、细致的规定。这些措施对端正党风、净化社会风气产生了积极作用。“政者，正也。子帅以正，孰敢不正？”中央以及各地出台的这些颇具实际操作性的转变作风的真招、实招，新一届中央领导集体求真务实、言行一致、率先垂范的具体行动，为社会注入一股强劲的新鲜风气，令人眼前一亮，倍感振奋。

我们要胸怀共产主义远大理想和中国特色社会主义的宏伟理想，从转变作风开始，自觉改造工作、改造生活、改造学习、改造心态，改则褒奖，不改则惩戒，不断释放“正能量”，坚决消除“负能量”。我们也有理由期待，在中央大力倡导和严格要求下，“中国梦”必将引领中国走向新的征程，而全党作风乃至社会风气的根本转变，也必将为“中国梦”的早日实现提供坚强支撑。

（2013年1月22日《光明日报》）

图书在版编目（CIP）数据

“中国梦”：阐释“中国梦”文章选编 / 中共中央宣传部理论局编.
-北京：学习出版社，2013.2
ISBN 978-7-5147-0326-9

Ⅰ. ①中… Ⅱ. ①中… Ⅲ. ①社会主义建设模式－研究－中国
Ⅳ. ①D616

中国版本图书馆CIP数据核字（2013）第028997号

“中国梦”
ZHONGGUOMENG
——阐释“中国梦”文章选编
中共中央宣传部理论局 编

责任编辑：边　极
技术编辑：周媛卿　王晓勇　刘　硕
整体设计：盛世华光

出版发行：学习出版社
北京市崇外大街11号新成文化大厦B座11层（100062）
010-66063020　　010-66061634
网　　址：http://www.xuexiph.cn
经　　销：新华书店
印　　刷：北京新华印刷有限公司

开　　本：710毫米×1000毫米　1/16
印　　张：12
字　　数：120千字
版次印次：2013年2月第1版　2013年6月第17次印刷

书　　号：ISBN 978-7-5147-0326-9
定　　价：26.00元